Gerenciamento de pessoas em projetos

Central de Qualidade — FGV Management
ouvidoria@fgv.br

SÉRIE GERENCIAMENTO DE PROJETOS

Gerenciamento de pessoas em projetos

3ª edição

Ana Cláudia Trintenaro Baumotte

Doris Pereira D'Alincourt Fonseca

Lauro Henrique de Carvalho Monteiro da Silva

Paulo Pavarini Raj

Copyright © 2013 Ana Cláudia Trintenaro Baumotte, Paulo Pavarini Raj, Doris Pereira
D'Alincourt Fonseca, Lauro Henrique de Carvalho Monteiro da Silva.

Direitos desta edição reservados à
EDITORA FGV
Rua Jornalista Orlando Dantas, 37
22231-010 — Rio de Janeiro, RJ — Brasil
Tels.: 0800-021-7777 — 21-3799-4427
Fax: 21-3799-4430
editora@fgv.br — pedidoseditora@fgv.br
www.fgv.br/editora

Impresso no Brasil/*Printed in Brazil*

Todos os direitos reservados. A reprodução não autorizada desta publicação, no todo
ou em parte, constitui violação do copyright (Lei nº 9.610/98).

Os conceitos emitidos neste livro são de inteira responsabilidade dos autores.

1ª edição, 2006; 1ª e 2ª reimpressões, 2007; 3ª, 4ª e 5ª reimpressões, 2008; 6ª e 7ª
reimpressões, 2009; 2ª edição, 2010; 1ª reimpressão, 2010; 2ª e 3ª reimpressões,
2011; 4ª, 5ª e 6ª reimpressões, 2012; 8ª, 9ª e 10ª reimpressões, 2013; 3ª edição,
2013; 1ª, 2ª e 3ª reimpressões, 2014; 4ª e 5ª reimpressões, 2015.

Revisão de originais: Sandra Frank
Editoração eletrônica: FA Studio
Revisão: Fatima Caroni e Fernanda Villa Nova de Mello
Capa: aspecto:design
Ilustração de capa: André Bethlem

> Baumotte, Ana Cláudia Trintenaro.
>   Gerenciamento de pessoas em projetos / Ana Cláudia Trintenaro
> Baumotte...[et al.]. – 3. ed. – Rio de Janeiro: Editora FGV, 2013.
>   180 p. – (Gerenciamento de projetos (FGV Management))
>
>   Em colaboração com: Paulo Pavarini Raj, Doris Pereira D'Alincourt
> Fonseca e Lauro Henrique de Carvalho Monteiro da Silva.
>   Publicações FGV Management.
>   Inclui bibliografia.
>   ISBN: 978-85-225-1371-0
>
>   1. Administração de pessoal. 2. Desenvolvimento organizacional. 3.
> Administração de projetos. I. Raj, Paulo Pavarini. II. Fonseca, Doris Pereira
> D'Alincourt. III. Silva, Lauro Henrique de Carvalho Monteiro da. IV.FGV
> Management. V. Fundação Getulio Vargas. VI. Título. VII. Série.
>
>   CDD – 658.3124

Aos nossos alunos e aos nossos colegas docentes, que nos levam a pensar e repensar nossas práticas.

Sumário

Apresentação 11

Introdução 15

1 | **Desafios atuais no gerenciamento de pessoas nas organizações** 19
A aldeia global 20
A diversidade nas equipes 24
Ética, caráter e integridade pessoal 29
Inovação tecnológica no trabalho 32

2 | **O gerente de projetos (GP)** 37
Competências de um gerente de projeto 38
Papéis e responsabilidades 41
A metamorfose de um GP 43
Designação de um gerente para o projeto 45
Distribuição do tempo do gerente ao longo
  do projeto 46
O gerente em pequenos e grandes projetos 46
O papel do gerente na reunião de partida do projeto 48

3 | O plano de gestão de pessoas
    (recursos humanos)   53
    A estrutura organizacional do projeto   54
    Requisitos de pessoas no projeto   58
    Recrutamento e seleção de profissionais   62
    Gerenciamento de desempenho   65
    Remuneração   66
    Treinamento e desenvolvimento   67
    O plano de gestão de pessoas (recursos humanos)   68

4 | Formação da equipe   71
    Equipes de projeto tradicionais versus equipes de
       projeto de alto desempenho   72
    Tipos de equipe e integração entre as equipes   74
    Papéis e responsabilidades na equipe   78
    As etapas de transição de uma equipe   80
    As fases de desenvolvimento da equipe   83
    Estratégias de atuação das equipes   87

5 | Desenvolvimento das pessoas   89
    A necessidade de desenvolvimento contínuo dos
       profissionais   90
    Evolução e abrangência do conceito de competências
       no gerenciamento de pessoas   92
    Classificação do tipo de conhecimento   92
    Aprendizagem do todo   95
    Conceito de competências organizacionais e
       individuais   96
    Desenvolvimento da equipe   97
    Universidade corporativa (UC)   101

6 | Gerenciamento de pessoas 107
  Inclusão do conceito de competências para a gestão estratégica de pessoas 108
  Gerenciamento de pessoas por competências 108
  Liderança participativa 115
  Dimensões de clima organizacional 119
  Relacionamentos interpessoais 120
  Indicadores de gerenciamento de pessoas 122

7 | Gerenciamento de conflitos 125
  Visão dos conflitos 126
  Níveis de conflito 128
  Conflitos no ambiente de projeto 130
  Conflito e estresse 132
  Como gerir conflitos no ambiente de um projeto 137

8 | Motivação das pessoas 145
  O que significa motivação 146
  Teoria humanística da hierarquia das necessidades, de Maslow 148
  Teoria das necessidades, de Alderfer 152
  Teoria higiênico-motivacional, de Herzberg 154
  Teoria das necessidades de conquistas pessoais, de McClelland 155
  Processos de motivação 157

Conclusão 165

Referências 169

Os autores 175

Apresentação

Este livro compõe as Publicações FGV Management, programa de educação continuada da Fundação Getulio Vargas (FGV).

A FGV é uma instituição de direito privado, com mais de meio século de existência, gerando conhecimento por meio da pesquisa, transmitindo informações e formando habilidades por meio da educação, prestando assistência técnica às organizações e contribuindo para um Brasil sustentável e competitivo no cenário internacional.

A estrutura acadêmica da FGV é composta por nove escolas e institutos, a saber: Escola Brasileira de Administração Pública e de Empresas (Ebape), dirigida pelo professor Flavio Carvalho de Vasconcelos; Escola de Administração de Empresas de São Paulo (Eaesp), dirigida pela professora Maria Tereza Leme Fleury; Escola de Pós-Graduação em Economia (EPGE), dirigida pelo professor Rubens Penha Cysne; Centro de Pesquisa e Documentação de História Contemporânea do Brasil (Cpdoc), dirigido pelo professor Celso Castro; Escola de Direito de São Paulo (Direito GV), dirigida pelo professor Oscar Vilhena Vieira;

Escola de Direito do Rio de Janeiro (Direito Rio), dirigida pelo professor Joaquim Falcão; Escola de Economia de São Paulo (Eesp), dirigida pelo professor Yoshiaki Nakano; Instituto Brasileiro de Economia (Ibre), dirigido pelo professor Luiz Guilherme Schymura de Oliveira; e Escola de Matemática Aplicada (Emap), dirigida pela professora Maria Izabel Tavares Gramacho. São diversas unidades com a marca FGV, trabalhando com a mesma filosofia: gerar e disseminar o conhecimento pelo país.

Dentro de suas áreas específicas de conhecimento, cada escola é responsável pela criação e elaboração dos cursos oferecidos pelo Instituto de Desenvolvimento Educacional (IDE), criado em 2003, com o objetivo de coordenar e gerenciar uma rede de distribuição única para os produtos e serviços educacionais produzidos pela FGV, por meio de suas escolas. Dirigido pelo professor Clovis de Faro e contando com a direção acadêmica do professor Carlos Osmar Bertero, o IDE engloba o programa FGV Management e sua rede conveniada, distribuída em todo o país (ver www.fgv.br/fgvmanagement), o programa de ensino a distância FGV Online (ver www.fgv.br/fgvonline), a Central de Qualidade e Inteligência de Negócios e o Programa de Cursos In Company. Por meio de seus programas, o IDE desenvolve soluções em educação presencial e a distância e em treinamento corporativo customizado, prestando apoio efetivo à rede FGV, de acordo com os padrões de excelência da instituição.

Este livro representa mais um esforço da FGV em socializar seu aprendizado e suas conquistas. Ele é escrito por professores do FGV Management, profissionais de reconhecida competência acadêmica e prática, o que torna possível atender às demandas do mercado, tendo como suporte sólida fundamentação teórica.

A FGV espera, com mais essa iniciativa, oferecer a estudantes, gestores, técnicos e a todos aqueles que têm internalizado o conceito de educação continuada, tão relevante na era do conhecimento na qual se vive, insumos que, agregados às suas práticas, possam contribuir para sua especialização, atualização e aperfeiçoamento.

Rubens Mario Alberto Wachholz
Diretor do Instituto de Desenvolvimento Educacional

Mario Couto Soares Pinto
Diretor executivo do FGV Management

Sylvia Constant Vergara
Coordenadora das Publicações FGV Management

Introdução

O tema tratado neste livro tem a intenção de suscitar várias questões. Vamos imaginar, por um instante, quem são as pessoas que vão realizar um projeto. De que forma elas pensam sobre um projeto? Como essas pessoas se mobilizam para fazer parte de um projeto? Como elas se encontram quando são chamadas para fazer um projeto? No que ele, afinal, termina por interferir no rumo de cada uma dessas pessoas?

Mas, afinal, o que é um projeto? Do latim *projectus*, "é a ação de lançar para a frente, de se estender, extensão". No *PMBOK* (5ª edição), projeto é definido como "um esforço temporário empreendido para criar um produto, serviço ou resultado exclusivo" (PMI, 2013:2). Outras definições podem ser encontradas em Heldman (2005).

Às várias definições de projeto cada pessoa associa um significado próprio, dependendo do que esteja realizando ou com a intenção de realizar. Pode ser que uma mãe deseje que o filho seja médico e faça planos para ele; pode ser que uma pessoa sonhe em se tornar uma empreendedora, o que a leva a fazer um projeto para concretizar esse sonho. Inúmeras situações podem envolver as pessoas com os seus projetos ao longo da vida.

Muita ênfase tem sido dada à pesquisa e ao desenvolvimento de ferramentas que medeiam as atividades das pessoas em projetos, conhecidas como técnicas *hard*. No entanto, pouca atenção é dedicada às atividades que aproximam as pessoas em um projeto, conhecidas como técnicas *soft*, que serão aqui abordadas.

O livro está dividido em oito capítulos. Nele, estuda-se uma das mais importantes e difíceis áreas do conhecimento que um gerente de projetos deve dominar para conseguir o sucesso de seu empreendimento: o gerenciamento de pessoas.

No primeiro capítulo, são vistos os desafios que impactam o gerenciamento de pessoas nas organizações que atuam em ambiente competitivo globalizado, o que significa e implica a existência de diferenças culturais entre as pessoas; quais são os fatores que constituem a diversidade nas equipes; as questões éticas e morais enfrentadas pelos gerentes; e as inovações tecnológicas no ambiente de trabalho.

No segundo capítulo, abordam-se questões relacionadas ao gerente de projeto (GP), suas responsabilidades, seu papel em pequenos, médios e grandes projetos e as habilidades das quais necessita para se tornar um profissional eficiente.

Já no terceiro capítulo, descreve-se o planejamento acerca das pessoas que fazem parte da equipe de um projeto: os requisitos necessários, o recrutamento e a seleção, a avaliação de desempenho individual, a remuneração, o treinamento e o desenvolvimento, e como incluir no plano do projeto o plano de gestão de pessoas (recursos humanos).

No quarto capítulo, estudam-se as diferenças entre organizações tradicionais e organizações de alto desempenho, os tipos de equipe e a transformação de um grupo em uma equipe, os perfis, papéis e responsabilidades, além das habilidades necessárias a toda equipe de alto desempenho.

No quinto capítulo, apresenta-se o novo impacto nas relações entre o empregado e o empregador com a autogestão da carreira pelo empregado, a evolução e abrangência do conceito de competências no gerenciamento de pessoas, como tratar o desenvolvimento da equipe e o conceito de universidade corporativa.

No sexto capítulo, são mostrados exemplos do processo de seleção por competências e são tratadas as questões de designação de pessoas, remuneração estratégica e *feedback* para garantir excelência no desempenho. A liderança situacional, os estilos de liderança mais usados e como os gerentes devem delegar tarefas são temas abordados em conjunto. Outros tópicos analisados são a consequência do estilo do líder no clima organizacional e os diferentes tipos de relacionamentos durante o projeto, assim como os indicadores de que o GP precisará para medir sua eficácia no gerenciamento de pessoas.

No sétimo capítulo, aborda-se o gerenciamento de conflitos, com um pequeno histórico das visões tradicional, contemporânea e interacionista, analisando-se os níveis de conflito, sua ocorrência no ambiente de um projeto e a relação entre os conflitos e estresse.

No oitavo capítulo, são vistas as quatro teorias sobre motivação que respondem à pergunta "O que motiva as pessoas?", bem como as oito teorias dos processos sobre motivação que respondem à pergunta "Como as pessoas são motivadas?".

O livro é finalizado com as conclusões sobre os desafios enfrentados pelos projetos no mundo e, em especial, no Brasil.

1

Desafios atuais no gerenciamento de pessoas nas organizações

A grande maioria dos executivos das organizações é unânime em afirmar que há um aumento da competitividade entre as empresas em nível mundial. A globalização está sendo conduzida, por um lado, pela disseminação da lógica econômica centrada na abertura, liberação, desregulamentação e privatização das economias, com o objetivo de atrair mais investimentos, e, por outro, pela digitalização tecnológica que está revolucionando as comunicações.

Ulrich (1998) discute os desafios da competitividade para o gerente de pessoas das organizações, expandindo seu papel de especialista administrativo para além das fronteiras atuais, incorporando funções que visam ao enfrentamento desses novos desafios: parceiro para o ajuste das estratégias de pessoas à estratégia empresarial, agente de mudança para gerir a transformação e a mudança, e colaborador das pessoas para ouvir e aumentar seu envolvimento e sua capacidade de participação.

Os desafios para os gerentes nesse contexto de competição, segundo Nelson e Quick (2006), podem ser assim descritos: globalizar as operações da organização para competir na aldeia global; gerenciar a diversidade nas equipes; encorajar o comportamento ético, as atitudes positivas e a integridade pessoal; avançar e implementar inovações tecnológicas no ambiente de trabalho.

As organizações e os gerentes que procuram ver nesses desafios uma oportunidade para continuarem a ser competitivos, mais do que simplesmente sobreviver nesse ambiente turbulento, têm maiores chances de sucesso. Neste capítulo, veremos com mais detalhes esses desafios que impactam as organizações e o gerenciamento de pessoas e, em especial, o gerenciamento de pessoas em projetos.

A aldeia global

Há alguns anos, a realização de negócios além das fronteiras do país era referida como atividade internacional. A palavra internacional traz consigo a conotação de que a nacionalidade do indivíduo ou da organização é fortemente mantida na consciência de cada um. A globalização, em contraste, implica um mundo livre de fronteiras nacionais – um mundo sem barreiras. Os trabalhadores de um país estão competindo com os de outros países e as organizações estão se instalando em países distintos do país de origem.

Da mesma forma, o que antes se referia às organizações multinacionais (organizações que faziam negócios em diferentes países) agora se refere às organizações transnacionais. Nessas organizações, o ponto de vista global extrapola os temas de natureza nacional (Bartlett e Ghoshal, 1989); elas operam em grandes distâncias globais e são multiculturais em relação às pessoas que empregam.

Um dos pontos cruciais para as organizações competirem em mercados globais é o entendimento das diferenças entre culturas. Schein (1985) sugere que, para o entendimento da cultura organizacional, é importante investigar abaixo da superfície dos artefatos visíveis da organização, isto é, tudo aquilo que a pessoa vê, ouve e sente quando vivencia o ambiente organizacional, e descobrir os pressupostos básicos que constituem a essência da cultura, ou seja, as crenças inconscientes, os sentimentos e valores em que as pessoas acreditam. Esses princípios são ensinados aos novos funcionários como a maneira correta de perceber, pensar e se sentir em relação aos problemas de adaptação externa e integração interna.

Um exemplo é o Earthlink, um provedor de serviços da internet que inclui diversos desses pressupostos básicos em seu site (http://earthlink.net/about/cvb). Essa organização afirma que as pessoas tratadas com respeito responderão dando o que têm de melhor em si. Também assume que o trabalho é uma importante parte da vida, e a pessoa pode realizá-lo com prazer, sem ficar mal-humorada e entediada. A competição é normal, uma parte saudável do trabalho, e acredita-se que os concorrentes ajudam as pessoas, as equipes e a empresa a aumentar seu nível de desempenho.

Entendendo as diferenças culturais

As diferenças culturais traduzem as diferentes atitudes das pessoas em relação ao trabalho? O trabalho pioneiro do holandês Hofstede (1980) focou essa questão. Ele e seus colegas pesquisaram 160 mil gerentes e funcionários da IBM que trabalhavam em 60 diferentes países. Dessa maneira, os pesquisadores foram capazes de estudar indivíduos da mesma organização, nos mesmos cargos, mas trabalhando em países diversos. O trabalho de Hofstede é importante porque seus estudos mostraram que a cultura nacional explica mais as diferenças nas atitudes das pessoas em relação ao trabalho do que fatores como idade, sexo, profissão ou posição exercida dentro da organização.

As cinco dimensões das diferenças culturais encontradas por Hofstede são descritas a seguir e exemplificadas no quadro 1.

- *Individualismo versus coletivismo* – Em culturas nas quais o individualismo predomina, as pessoas pertencem a estruturas sociais livres e suas preocupações primárias são em relação a si mesmas e a suas famílias. As pessoas são responsáveis pelos próprios interesses e acreditam que os indivíduos deveriam tomar decisões. Culturas caracterizadas pelo coletivismo são estruturas nas quais os indivíduos dependem fortemente das famílias ampliadas ou clãs. As decisões de grupo são valorizadas e aceitas.

- *Distância do poder* – Em países em que os indivíduos são menos participativos nas decisões coletivas e, portanto, vivenciam uma grande distância do poder, os gerentes são dotados de mais poder simplesmente porque são gerentes. As pessoas usam seus títulos com arrogância, a formalidade é a regra e a autoridade é raramente ultrapassada. Os detentores do poder recebem privilégios especiais; os gerentes e funcionários se veem como pessoas diferentes umas das outras.

- *Convivência com as incertezas* – Em algumas culturas, as pessoas se sentem mais à vontade com a ambiguidade e a incerteza, enquanto em outras há intolerância para com essas condições. As culturas que exibem um alto nível de incerteza se preocupam com a segurança e tendem a evitar conflitos. As pessoas têm necessidade de obter consenso. A incerteza inerente à vida se torna uma ameaça contra a qual as pessoas constantemente lutam. Em países com alto nível de incerteza, a estabilidade da carreira profissional é enfatizada.

- *Masculinidade versus feminilidade* – Em culturas caracterizadas pela masculinidade, a assertividade e o materialismo são valorizados. Os homens devem ser assertivos, duros e decididos, enquanto as mulheres devem cuidar das crianças, ser modestas e delicadas. O dinheiro e as posses são importantes, e o desempenho é bastante valorizado. As culturas caracterizadas pela feminilidade dão mais ênfase às relações e à preocupação com os outros. Homens e mulheres assumem ambos os papéis de assertividade e cuidado com as crianças. A qualidade de vida é importante e as pessoas dão ênfase às suas relações com o meio ambiente.

❑ *Orientação de curto prazo* versus *longo prazo* – As culturas orientam-se mais para o tempo futuro (longo prazo) ou para o tempo passado e presente (curto prazo). As de longo prazo valorizam a poupança econômica e persistência, e as de curto prazo valorizam o respeito à tradição (passado) e o atendimento às obrigações sociais (presente).

Quadro 1
EXEMPLOS DAS CINCO DIMENSÕES DAS DIFERENÇAS CULTURAIS

Dimensão	Brasil	EUA	Outros países
Individualismo versus coletivismo	Tendência coletivista. Crença de que as pessoas são más e não confiáveis. O grupo de referência é a família, os amigos e os "mais chegados".	A cultura mais individualista entre os países estudados.	Reino Unido e Holanda são individualistas; Israel, Japão e Colômbia são coletivistas.
Distância do poder	Trabalhadores não qualificados não têm expectativa de proximidade com o poder. Tendência à centralização. Diferença interna de salário é alta. Trabalho administrativo é mais valorizado em relação ao manual.	Um dos países com uma das menores distâncias do poder.	Índia possui a maior distância do poder; Venezuela e México possuem alta distância do poder; Dinamarca e Austrália possuem pequena distância do poder.

Continua

Dimensão	Brasil	EUA	Outros países
Convivência com as incertezas	O trabalho é definido de modo rígido e detalhado. O conflito é visto como indesejável. Os gerentes são detalhistas e possuem autonomia restrita.	Bastante tolerante em relação ao nível de incerteza.	Noruega e Austrália possuem baixo nível de incerteza; Japão e Itália possuem altos níveis de incerteza.
Masculinidade *versus* feminilidade	Índice de masculinidade abaixo da média dos países; o trabalho e a produtividade não são valorizados.	Predomina a masculinidade.	Na Áustria e Venezuela, predomina a masculinidade; na Noruega, Suécia e Dinamarca, predomina a feminilidade.
Orientação de curto/longo prazo	A perspectiva dominante é de curto prazo. O planejamento não é rígido. As coisas vão sendo feitas à medida que vão ocorrendo. Tudo pode ser mudado a qualquer momento. Múltiplas coisas são feitas ao mesmo tempo.	Foco no curto prazo.	China possui orientação de longo prazo; Rússia, de curto prazo.

Fonte: Adaptado de Nelson e Quick (2006); Zanelli, Borges-Andrade e Bastos (2004).

A globalização é um desafio que os gerentes devem enfrentar para se manterem competitivos num mundo em constante mudança. Relacionado à globalização, encontra-se o desafio de liderar uma força de trabalho com diferenças culturais que contribuem significativamente para a diversidade nas equipes. Contudo, outras formas de diversidade são igualmente importantes, o que veremos a seguir.

A diversidade nas equipes

A diversidade compreende todas as formas de diferenças entre as pessoas, incluindo cultura, gênero, idade, habilidade, religião, personalidade, *status* social e orientação sexual. A atenção para a diversidade tem crescido nos últimos anos, basicamente por dois motivos: primeiro, os gerentes precisam saber como provocar a motivação das equipes de trabalho constituídas por pessoas com diferentes características; segundo, os gerentes precisam saber como se comunicar efetivamente com pessoas que possuem diferentes valores e falam outras línguas.

A diversidade cultural

A diversidade cultural no ambiente de trabalho está crescendo com a globalização dos negócios, como já mencionado. Cox Jr. (1994) define diversidade cultural como uma representação, em um sistema social, de pessoas com diferentes identidades grupais que têm significações culturais distintas. A identidade grupal relaciona-se à identidade física e cultural com determinado grupo social e à subsequente não identificação com outros grupos conhecidos, que determinam, por sua vez, os limites do próprio grupo. Essas identidades grupais assumem papéis de maioria ou de minoria, dependendo não de sua representação numérica, mas do poder social que lhes é atribuído e garantido pelas instituições sociais, sejam elas formais ou não. Os grupos de maioria caracterizam-se pelos seus membros que, historicamente, tiveram ou têm vantagens de poder social e recursos econômicos quando comparados com grupos de minoria.

O Brasil tem sido constantemente citado na literatura internacional (Smith e Bond, 1999) como um dos principais e poucos exemplos de cultura nacional cuja configuração pode ser representada por um cadinho, isto é, uma cultura em que diversas identidades grupais convivem, com razoável harmonia, formando um só grupo cultural, sem que nenhuma perca sua identidade particular.

Por outro lado, estudos realizados por Judy e D'Amico (1997, 2002) revelam que, nos Estados Unidos, por volta do ano 2020, os grupos minoritários constituir-se-ão em mais da metade dos novos participantes da força de trabalho (americanos brancos, 48%; hispânicos, 14%; afro-americanos, 12%; asiáticos, 6%; outras etnias brancas, 20%). Essa tendência tem implicações importantes para as organizações, pois os afro-americanos e hispano-americanos estão muito presentes em ocupações subqualificadas, limitando-se assim suas oportunidades. Além disso, essas duas etnias tendem a viver em um número pequeno de grandes cidades que estão passando por dificuldades econômicas significativas e possuem altas taxas de criminalidade. Devido a isso, os grupos minoritários de trabalhadores podem ficar em situação de desvantagem nas organizações.

Os empregos disponíveis no futuro irão requerer mais habilidades do que no passado. Frequentemente, os trabalhadores minoritários não têm encontrado oportunidade para desenvolver as habilidades requeridas pelos avanços tecnológicos, e, portanto, sistemas educacionais dentro do ambiente de trabalho (por exemplo, a universidade corporativa, que será discutida no capítulo 5) serão necessários para capacitar esses trabalhadores com as competências exigidas pelas mudanças tecnológicas.

A diversidade de gênero

A feminização da força de trabalho tem crescido nos últimos anos. Nos Estados Unidos, por exemplo, 60% da expansão da força de trabalho no período de 1970-2003 se devem a mulheres; por volta do ano 2010, 70% dos novos integrantes do mercado de trabalho serão mulheres e pessoas não brancas. Hoje, as mulheres são melhor preparadas para contribuir nas organizações do que antigamente: cerca de 32% de doutorados, 52% de mestres e 50% de todos os graduados são do sexo feminino. Entretanto, nos cargos de chefia, ainda é pequeno o número de mulheres que ocupam posições de destaque (US Department of Labor, 2003).

Os salários das mulheres nos Estados Unidos permanecem no nível de 78% do salário dos homens com cargos equivalentes. Em consequência, como os benefícios são atrelados aos salários, as mulheres recebem menos benefícios do que os homens (US Department of Labor, 2003).

Além de ganhos menores, as mulheres enfrentam outros obstáculos no trabalho. O "teto de vidro" é uma barreira transparente que mantém as mulheres impossibilitadas de subir além de certo nível. A remoção dessas barreiras e de outros obstáculos para o sucesso das mulheres representa um desafio importante para as organizações, as quais precisam de políticas que promovam a equidade da remuneração e dos benefícios, que encorajem programas de benefício de interesse especial para mulheres e que propiciem salários iniciais iguais para cargos de mesmo valor.

Em nossa sociedade, as mulheres, em sua maioria, encarregam-se quase solitariamente da tarefa de cuidar da casa e das crianças. Os homens não têm sido ágeis o suficiente para partilhar as responsabilidades domésticas. Além disso, as mulheres têm se ocupado do cuidado de parentes idosos, o que as torna ainda mais envolvidas com as tarefas domésticas. Por causa desses múltiplos papéis, as mulheres têm mais probabilidades de vivenciar conflitos entre o trabalho e a casa do que os homens. As organizações devem oferecer incentivos, como horário flexível, creches, assistência social para a terceira idade e programas de assistência médica domiciliar, a fim de ajudar as mulheres na administração do estresse de suas vidas.

A diversidade da idade

O envelhecimento da força de trabalho nos Estados Unidos é outra fonte da diversidade nas organizações. O número de trabalhadores jovens está diminuindo, o mesmo acontecendo com os trabalhadores idosos (acima de 65 anos). O resultado é um aumento dos trabalhadores entre 35 e 54 anos (US Department of Health and Human Services, 1997).

Essa mudança no perfil da força de trabalho acarreta profundas modificações nas organizações. A crise do emprego para os trabalhadores de meia-idade ficará mais acentuada quando as organizações procurarem diminuir os seus níveis hierárquicos, pela eliminação dos gerentes intermediários. Os trabalhadores mais velhos frequentemente ganham mais, e as organizações que empregam uma grande quantidade de pessoas nascidas entre 1946 e 1964 podem usar isso como uma vantagem competitiva: são mais bem-educados, mais bem-treinados, mais experientes, estáveis e confiáveis.

Outro efeito do envelhecimento da força de trabalho é o contato entre gerações no ambiente de trabalho. À medida que as empresas diminuem seus níveis hierárquicos, os mais velhos, ocupantes de postos mais elevados que foram extintos, são colocados ao lado dos mais jovens. Quatro gerações estão trabalhando juntas: a geração silenciosa (os nascidos entre 1930 e 1945), um pequeno grupo que inclui a maioria dos gerentes de topo de linha; a geração de meia-idade (os nascidos entre 1946 e 1964), que, pelo tamanho do grupo, exerce uma influência forte nas organizações; a geração X (os nascidos entre 1965 e 1976); e a geração seguinte, conhecida como geração Y (Managing generation diversity, 1991).

As diferenças em atitudes e valores entre essas quatro gerações podem ser significativas, e os gerentes enfrentam o desafio de integrar essas pessoas em uma equipe coesa. Atualmente, a maioria das posições de liderança é ocupada por membros da geração silenciosa. As pessoas de meia-idade lutam por direitos morais no ambiente de trabalho e assumem posições de ativistas no que diz respeito aos direitos dos trabalhadores. Os da geração X, mais novos no ambiente de trabalho, são impacientes, querem gratificações de curto prazo e consideram que a família deve vir antes do trabalho.

Os trabalhadores mais jovens têm a impressão de que os mais velhos são resistentes à mudança, incapazes de aprender novos métodos no trabalho, fisicamente menos capazes e menos criativos do que os mais novos. As pesquisas feitas por Rhodes (1983) mostram, contudo, que os trabalhadores mais velhos estão mais satisfeitos com os seus empregos, são mais comprometidos com a organização e possuem mais motivação interna que os mais jovens. Essas pesquisas mostram também que a convivência direta com trabalhadores mais velhos reduz as crenças negativas dos mais jovens.

Provocar a motivação dos trabalhadores mais velhos e ajudá-los a manter altos níveis de contribuição para a organização são tarefas fundamentais para os gerentes.

Ética, caráter e integridade pessoal

Além dos desafios da globalização e da diversidade das equipes, os gerentes, com frequência, enfrentam desafios e dilemas éticos nas organizações. A despeito da forma positiva com que as organizações procuram tratar as questões éticas, as condutas antiéticas algumas vezes acontecem. Alguns dos problemas éticos que os gerentes apontam como difíceis de serem abordados incluem roubo, problemas ambientais, comparação da renda de funcionários, conflitos de interesse, assédio sexual e assédio moral.

Como as pessoas nas organizações racionalmente pensam sobre as questões éticas, de modo que tomem as decisões corretas? As teorias éticas ajudam-nas a entender, avaliar e classificar os argumentos morais, a tomar decisões e a defender suas conclusões acerca do que consideram certo e errado.

Nas organizações contemporâneas, as pessoas enfrentam dilemas morais e éticos em diversas esferas. As questões mais críticas, segundo Nelson e Quick (2006), são: os direitos de empregados que contraíram doenças como Aids; pessoas que cometeram ou sofreram abuso sexual; envolvimento amoroso das pessoas no trabalho; justiça organizacional relativa às recompensas financeiras de empregados; tratamento de indivíduos delatores de colegas e também de erros da organização; e, ainda, a responsabilidade social perante a comunidade na qual ela opera.

Sobre as questões de natureza ética e moral, a organização elabora um código de ética que procura dirimir as dúvidas sobre o que é certo e errado, e todo empregado é informado do padrão de conduta adotado na empresa.

Código de ética

O código de ética da organização à qual o profissional é afiliado trata das obrigações que devem ser observadas pelos profissionais ao enfrentarem questões éticas e morais. Tais códigos são abertos a novas questões e melhorados continuamente com base em teorias éticas que reveem, a todo momento, os padrões ali colocados. Os códigos de ética de determinadas profissões se tornam padrões pelos quais os membros podem ser avaliados, na ausência de outro padrão interno da organização a que pertencem. Um exemplo é o juramento de Hipócrates, feito pelos médicos em sua formatura: "Eu juro, por Apolo, médico, por Esculápio, Hígia e Panaceia, e tomo por testemunhas todos os deuses e todas as deusas, cumprir, segundo meu poder e minha razão, a promessa que se segue: [...]" Segundo o médico Drauzio Varella:

aos olhos da sociedade, a mera existência de um juramento solene dá a impressão de que somos sacerdotes e de que devemos dedicação total aos que nos procuram, sem manifestarmos preocupação com aspectos materiais como as condições de trabalho ou a remuneração pelos serviços prestados, para a felicidade de tantos empresários gananciosos [Varella, s.d.].

Não existe um código universal de ética para os negócios, como existe para a medicina. Entretanto, Paul Harris e quatro colegas empreendedores, que fundaram o Rotary International em Chicago no ano de 1905, fizeram um esforço para tratar dos comportamentos éticos e morais de forma correta desde o início de seu funcionamento. Eles desenvolveram um teste com quatro maneiras de pensar, dizer ou agir, denominado "prova quádrupla", o qual é usado em mais de 30 mil unidades do Rotary em 166 nações e praticado por 1,2 milhão de rotarianos no mundo. A prova quádrupla é mostrada no quadro 2.

Quadro 2
A PROVA QUÁDRUPLA

De como nós pensamos, dizemos ou agimos:
1. É a *verdade*?
2. É *justo* para todos os interessados?
3. Criará *boa vontade* e *melhores amizades*?
4. Será *benéfico* para todos os interessados?

Fonte: <www2.brasil-rotario.com.br/institucional/rotary/prova.html>.

A maneira como a prova é utilizada é indicada pelo próprio rotariano de Chicago que a idealizou. Ele sugere que, primeiro, se memorize o pequeno texto apresentado no quadro 2 e, depois, adquira-se o hábito de confrontar pensamentos, palavras e atos com as perguntas formuladas. É um guia para que o indivíduo aja de maneira correta. Se guardado de memória e aplicado no tratamento com terceiros, contribuirá decididamente para relações mais efetivas e amistosas.

Uma equipe de gerenciamento de projetos possui responsabilidade profissional para com todas as partes interessadas, incluindo os clientes, a organização executora e o público. Os membros do Project Management Institute (PMI) seguem um código de ética, e os que possuem a certificação profissional de gerenciamento de projetos (PMP® – *project management professional*) seguem um código de conduta profissional. Os membros da equipe do projeto que são membros do PMI ou PMP® devem seguir as versões atuais desses códigos (PMI, 2013).

Inovação tecnológica no trabalho

O quarto dos desafios enfrentados pelos gerentes é a administração da inovação tecnológica no ambiente de trabalho. Os gerentes enfrentam o desafio das rápidas mudanças tecnológicas e procuram maximizar o uso delas nas organizações.

Por um lado, é tentador ver a tecnologia somente do lado positivo; contudo, um pouco de realismo se faz necessário. As inovações computacionais falham com frequência: 42% de projetos de tecnologia da informação (TI) são abandonados antes de serem completados, e a metade de todos os projetos de tecnologia falha no atendimento às expectativas dos gerentes (Nelson e Quick, 2006). Como algumas inovações falham no atendimento às expectativas e outras simplesmente não se completam, é importante gerenciar ambos os aspectos – evolucionário e revolucionário – das mudanças tecnológicas.

Por outro lado, os avanços tecnológicos são responsáveis pelo surgimento de formas alternativas de trabalho, isto é, práticas não tradicionais de trabalho, ambientes e locais que atualmente podem suplementar os tradicionais ambientes de trabalho nas organizações. Além disso, a globalização do desenvolvimento do software resultou na disseminação de atividades por países emergentes e nações em desenvolvimento, e em locais distantes da forma tradicional de colocação: equipes virtuais globais (EVGs) se formam através das fronteiras nacionais (Carmel, 1999). Veremos esses aspectos em seguida.

Formas alternativas de trabalho

Um modo alternativo de trabalho é o teletrabalho, prática de se trabalhar em casa e comunicar-se com os colegas de trabalho por meio de teleconferência. A IBM foi uma das primeiras organizações a experimentar a instalação de terminais nas casas de seus funcionários e a ter empregados trabalhando em casa. No teletrabalho, os empregados ganham flexibilidade de horário, economizam tempo de deslocamento para o escritório e usufruem o conforto de estar em casa. As desvantagens são a falta de concentração no trabalho, falta de socialização com os colegas, possíveis solicitações do ambiente doméstico, ausência de interação física com os supervisores e uma diminuição da identificação com a organização em que atuam.

Apesar das desvantagens apontadas, estudos mostram que as pessoas que realizam o teletrabalho frequentemente apresentam maior satisfação na comunicação com a organização do que os trabalhadores no ambiente tradicional (Fritz, Narasimhan e Rhee, 1998).

Outras formas alternativas para a instalação do local de trabalho são a hospedagem de escritórios e os escritórios-satélite. A hospedagem de escritórios é um local partilhado por outras organizações, onde os funcionários podem usar mobiliários e armários privativos, além da infraestrutura de informática e comunicação e dos serviços de segurança, recepção, copa e limpeza. Os escritórios-satélite são unidades bastante baratas, localizadas nas imediações das casas dos funcionários que não desejam morar em cidades grandes nas quais se situa a sede da organização. Isso contribui significativamente para a atração e retenção de talentos da organização, permitindo que os funcionários potenciais se comuniquem com a empresa usando várias tecnologias.

Todas essas formas alternativas de localização do trabalho indicam uma tendência para o escritório virtual, no qual as pessoas podem trabalhar a qualquer hora, em qualquer lugar e com diferentes pessoas. Essa tendência marca a localização do trabalho onde as pessoas estão, em vez de as pessoas terem de se deslocar até onde o trabalho está localizado.

Equipe virtual global (EVG)

Grandes operadoras de telecomunicações e empresas de software têm inúmeros grupos de desenvolvimento residindo em países diferentes, ao redor do mundo. Os diferentes grupos trabalham em ambientes virtuais, com os membros da equipe de desenvolvimento de software interagindo e comunicando seu trabalho.

Além da vantagem do baixo custo de desenvolvimento de software na Índia e na China, as organizações usam grupos geograficamente distribuídos que "seguem o ciclo de nascimento do sol" (Austrália, Europa, América do Norte, nessa ordem) para permitir o ciclo de desenvolvimento de software quase de 24 horas (Carmel, 1999). As organizações também terceirizam suas atividades de desenvolvimento de software para contratantes fora de seus países de origem (Heeks e colaboradores, 2005). Como exemplo, a Índia tem uma indústria *offshore* dominante de desenvolvimento de software, que é responsável por mais de US$ 6,4 bilhões na exportação desse produto. Essa indústria tem mais de 900 firmas de exportação de software e emprega aproximadamente 415 mil profissionais (Go to India, China, says Gartner, 2002).

Entretanto, dois problemas impactam a implementação das EVGs: a diversidade cultural e o uso das tecnologias da informação e comunicação (TIC).

A diversidade cultural representa um enorme desafio para as EVGs, mas também oferece uma riqueza potencial. As culturas nacional e organizacional definem como as pessoas se comportam no ambiente de trabalho. Em uma EVG, culturas e estilos de gerência geralmente se chocam. Por exemplo, pessoas de diferentes culturas podem ter ideias diferentes sobre o que constitui um bom desempenho; os estilos de comunicação podem ser diferentes, e a noção de responsabilidade pode variar se a cultura for mais coletivista ou individualista.

Estudos feitos por Dubé e Paré (2001) mostraram que os membros de uma EVG deveriam receber treinamento cultural no início do projeto. O aprendizado sobre as culturas nacional e organizacional, e até mesmo funcional, pode ser muito útil, independentemente da experiência das pessoas. Tal treinamento deveria focar assuntos que afetam o desempenho da equipe, como o horário de trabalho, comportamentos esperados, níveis esperados de desempenho e de envolvimento, tomada de decisão, a maneira como o trabalho será revisado e aprovado, e como resolver conflitos.

O uso adequado da TIC pode garantir o funcionamento de uma EVG. Os membros da equipe devem ser conectados através de diversas tecnologias, incluindo as tradicionais, como fax, telefone e e-mail, e as mais avançadas, como videoconferência, softwares colaborativos, intranet e *virtual private networks* (VPNs). Em consequência disso, o gerente pode encontrar problemas tecnológicos, como a incompatibilidade de hardware/ software, indisponibilidade do sistema e insegurança de dados, em especial ao conectar pessoas de diferentes países. Para evitar essas dificuldades, os patrocinadores devem, antes de iniciar um projeto virtual, pedir ajuda aos profissionais de TI para ter certeza de que os requisitos tecnológicos serão atendidos nos vários locais onde as EVGs serão instaladas. As pessoas que trabalham em locais dispersos e distantes geograficamente devem possuir canais de comunicação confiáveis e ter igual acesso aos recursos computacionais, para evitar a duplicação do esforço e custos redundantes.

Uma das principais desvantagens de uma EVG é a ausência de encontros presenciais, nos quais se observam a linguagem não verbal usada pelos participantes e a sinergia gerada pela presença das pessoas. Essas deficiências podem prejudicar o estabelecimento da confiança entre os membros das equipes. O estudo de Dubé e Paré (2001) evidenciou que o uso de videoconferências pode aliviar a falta de encontros presenciais entre as pessoas. No entanto, o estudo apontou que uma videoconferência desestruturada pode facilmente ser desastrosa, resultando na perda da confiança e do comprometimento dos membros das equipes.

O papel do gerente é estabelecer e gerenciar o ambiente de trabalho eletrônico, baseado na TIC, dando condições para que os membros da equipe possam se comunicar eficazmente, e assegurar que as tecnologias requeridas sejam acessíveis, confiáveis e compatíveis.

Neste capítulo, vimos os desafios que impactam o gerenciamento de pessoas nas organizações que atuam em ambiente competitivo e globalizado. As diferenças culturais entre as pessoas, a diversidade existente nas equipes, as questões éticas e morais e a inovação tecnológica no ambiente de trabalho foram descritas. No próximo capítulo, veremos as características do gerente de projetos (GP), o principal elemento no gerenciamento de um empreendimento dentro de uma organização.

2

O gerente de projetos (GP)

O GP é a pessoa responsável pelo planejamento, implantação e encerramento do projeto. Seu trabalho inicia-se pelo desencadear de todas as atividades do projeto e termina quando todas as atividades previstas estão encerradas. Neste capítulo, veremos as competências de um gerente de projeto, seus papéis e responsabilidades, a metamorfose de um GP, sua designação para o projeto e a distribuição do seu tempo ao longo do empreendimento, o gerente em pequenos e grandes projetos, e o papel do gerente na reunião de partida do projeto. Começamos por estabelecer as analogias das funções do GP com as de outras profissões.

Não raro comparamos o GP com profissionais de outras áreas, ora buscando enaltecer algumas de suas qualidades, ora mostrando a dificuldade inerente a seu cargo. Veja, no quadro 3, algumas analogias.

Se o piloto, em um voo, dissesse que nunca tinha pilotado um jato antes, mas que isso não era motivo para preocupação, porque tinha lido o manual do treinamento, você permaneceria a bordo? Ou se um maestro, antes de iniciar uma apresentação, comunicasse que havia esquecido as partituras em casa, mas que os músicos sabiam como era cada uma de suas partes, você acha que a peça seria bem-sucedida? O que se espera de cada um desses profissionais é que eles possuam mais do que os conhecimentos de sua área de atuação e sejam competentes naquilo que fazem.

Quadro 3
ANALOGIAS COM O GERENTE DE PROJETO

Maestro de orquestra	Piloto de avião
Em uma orquestra, há um maestro que dirige, mas não diz a cada músico como tocar, e todos têm uma parte no desempenho da peça musical. O maestro é quem cria a harmonia, com habilidade para fazer com que cada instrumento entre no tempo certo, seguindo o rigor da partitura, enquanto evita a desarmonia e a discordância. O maestro segue a partitura do compositor; ele é o intérprete da peça musical. A seguir, algumas semelhanças na organização de um projeto e de uma orquestra: ❏ estratégia = composição; ❏ projeto = peça musical; ❏ gerente superior = compositor; ❏ gerente de projeto = maestro; ❏ gerente funcional = líder de cada seção instrumental; ❏ área funcional = instrumento; ❏ membro da equipe de projeto = membro da orquestra.	Um piloto é um profissional de alto salário, pago para conduzir um avião em segurança, e tem sob sua responsabilidade o comando da tripulação. A decolagem é relativamente simples, o voo pode ser conduzido com o auxílio do piloto automático, mas a aterrissagem pode ser muito perigosa e requer o controle total por parte do piloto. A aterrissagem é a parte mais crítica. O piloto é profissional, tem a responsabilidade pelo pouso seguro, e não pode delegar essa tarefa. As semelhanças com o gerente de projeto são: ❏ administração de expectativas; ❏ como informar o cliente; ❏ abordagem do risco (cintos afivelados, não fumar nos toaletes); ❏ responsabilidade inerente à posição (advertir os passageiros sobre as condições de voo, assegurando que as instruções de segurança sejam compreendidas); ❏ nível de competência (treinamento, experiência).

Competências de um gerente de projeto

As competências do GP vêm sendo estudadas por vários autores. Em capítulo posterior, dedicaremos mais atenção ao estudo das competências e seu desenvolvimento para a equipe do projeto. Por ora, interessa-nos saber diferenciar um GP competente de outro que não o seja.

Dinsmore (1990) faz os seguintes questionamentos sobre as competências individuais: "Os profissionais estão fazendo o melhor trabalho possível? Eles estão qualificados?" As competências de um GP podem ser distribuídas em três áreas:

❑ *conhecimento* – consiste no domínio geral e específico dos conceitos, práticas, procedimentos, processos e metodologias de gerência de projetos que se aplicam a uma organização e à complexidade dos projetos que são conduzidos. O GP deve, primeiramente, possuir conhecimento dos aspectos técnicos da área de negócio na qual o projeto vai ser conduzido para poder entender o produto ou serviço que vai ser entregue;
❑ *habilidades* – são as aplicações do conhecimento ao projeto que asseguram o atendimento aos objetivos de forma eficiente e efetiva. Elas são definidas de acordo com a organização, tamanho do projeto, complexidade das tarefas e contexto organizacional. Um GP pode não possuir todas as habilidades necessárias para gerenciar o projeto e, assim, depender de outras pessoas para a execução de tarefas específicas;
❑ *atitudes* – são predisposições para ações exibidas por um indivíduo no trabalho. Elas incluem motivação, energia, intuição e dedicação. Um GP deve demonstrar atitude correta perante todos os *satkeholders* do projeto.

Um estudo realizado no Brasil por Rabechini Jr. (2001) envolvendo 97 empresas nacionais e multinacionais dos setores de cosméticos, financeiro, serviços, informática e processamento de dados, metalurgia e banco de desenvolvimento revela as principais habilidades dos gerentes de projeto, distribuídas em dois grupos: o dos praticantes – isto é, aqueles que possuem competências na área de gerenciamento de projetos – e o do próprio GP. Comparando os resultados de Rabechini Jr. com os de Sthub, Bard e Globerson (1994), verificou-se que tanto o GP quanto os membros da equipe convergiram em suas pontuações com relação às habilidades de liderança, facilidade de negociação e capacitação técnica. Contudo, as habilidades de comunicação com o cliente, comunicação e orçamento eram visivelmente diferentes em relação à visão do GP e dos técnicos.

Segundo Rabechini Jr. (2001), embora consideradas na pesquisa menos importantes, as habilidades de comunicação, relacionamento com o cliente e orçamento, talvez pela natureza das empresas pesquisadas, tinham suas diretrizes controladas pela alta administração. Outra constatação por parte do autor, ao comparar os resultados da pesquisa com as de outros estudiosos, refere-se ao significado percebido da habilidade de comunicação, diferindo em vários contextos. Em algumas pesquisas (Poster citado por Meredith e Mantel, 1995), a comunicação foi a habilidade percebida pelos respondentes como a mais importante.

Para você, leitor, qual seria a melhor ordenação das habilidades gerenciais por ordem de importância? Existem outras habilidades que o leitor incluiria nesta lista?

Levando em conta as três áreas de competência mencionadas anteriormente, o Australian Institute of Project Management (Cagle, 2005) apresenta um bom resumo para as características principais do GP: habilidades de liderança; habilidades na antecipação de problemas; flexibilidade operacional; habilidades em fazer com que as atividades se realizem; habilidades em negociar e persuadir; compreensão do ambiente no qual o projeto é conduzido; habilidades em revisar, monitorar e controlar; habilidades de gestão em ambientes com mudanças constantes.

Embora as habilidades contenham uma grande parcela de conhecimento para seu emprego, elas dependem das características pessoais do GP em sua aplicação. Por sua vez, cada projeto irá requerer diferentes habilidades, dependendo de fatores como o número de pessoas da equipe, o custo do projeto e seu conteúdo técnico e legal. Consequentemente, as habilidades devem ser associadas aos papéis e responsabilidades que deverão ser atribuídos ao GP.

Papéis e responsabilidades

Os GPs carregam um fardo pesado de responsabilidades e, para dar conta de todas elas, é necessária uma combinação de habilidades administrativas, gerenciais, analíticas e interpessoais. Por outro lado, é comum o profissional desempenhar diferentes papéis em situações nas quais isso é exigido, situação análoga a usar uma coleção de chapéus, um para cada ocasião diferente, tirando-se um e colocando-se outro. Os papéis não são o mesmo que os títulos dos cargos de um plano de cargos e salários (PCS) de uma organização; eles estão muito mais atrelados às características do trabalho ou do projeto do que as que estão formalmente descritas na sua função.

Maximiano (1988) levantou os papéis do GP em cinco empresas que atuam na área industrial de informática e classificou-os em oito grupos: planejador, organizador, administrador de interfaces, articulador de acordos, administrador de tecnologia, administrador de equipe de pessoas, formulador de métodos e implementador. Dinsmore e Silveira Neto (2004) apresentam os papéis do GP que, se bem dimensionados, atendem às necessidades do projeto: ativador do projeto, coordenador do projeto, gerente de projeto matricial, gerente da força-tarefa. Os papéis e responsabilidades do GP são descritos no quadro 4.

Quadro 4
PAPÉIS E RESPONSABILIDADES DE UM GP

Papéis	Responsabilidades
❏ Interpessoais (líder; pessoa de referência; contato entre pessoas). ❏ Comunicação (coletar, selecionar, monitorar e disseminar informações; porta-voz do projeto). ❏ Decisão (alocar recursos, explorar novas oportunidades, gerir conflitos, negociar, analisar situações, estabelecer prioridades, tomar decisões coerentes e oportunas para encorajar a criatividade e o progresso da equipe).	❏ Gerenciar o projeto. ❏ Criar planos de projetos. ❏ Criar vários planos de gerência do projeto. ❏ Medir o desempenho do projeto. ❏ Adotar medidas corretivas. ❏ Controlar os resultados do projeto. ❏ Gerenciar a equipe do projeto. ❏ Prover relatórios de *status* do projeto.

A análise de responsabilidades é feita pelo GP para garantir que todas as atividades do projeto tenham um responsável e, se for preciso, sejam designadas pessoas adicionais para o cumprimento das tarefas estabelecidas. Essa análise é realizada na fase de planejamento do projeto e, segundo o PMI, resulta em uma matriz bidimensional denominada "matriz de designação de responsabilidades", ou *responsibility and assignment matrix* (RAM).

Os papéis devem ser definidos para cada atividade do projeto. Existem vários padrões de utilização desses papéis, e um dos mais conhecidos é o Raci:

❏ R – responsável pelo planejamento, gestão e relatórios da atividade;
❏ A – aprovação e assinatura para a realização da atividade;
❏ C – consultor ou colaborador. Subdivide-se pelas diferentes funções de: qualidade, financeiro, suporte, construção, manutenção, marketing;
❏ I – indivíduo que recebe as informações (receptor).

A matriz bidimensional é então produzida, colocando-se as atividades do projeto em um eixo e os membros da equipe do projeto em outro. Inclui-se uma célula adicional para representar os recursos humanos que serão contratados. No quadro 5, vemos um exemplo do preenchimento da RAM.

Quadro 5
MATRIZ DE DESIGNAÇÃO DE RESPONSABILIDADES (RAM)

Tarefas \ Pessoas	A	B	C	D	(A contratar)
Atividade 1.1.1	R	C	C	C	C
Atividade 1.1.2	A	I	R	I	I
Atividade 1.2.1	A	I	I	I	R
Atividade 1.2.2	A	C	I	R	I

Inspecione a matriz e assegure que cada atividade possua apenas um responsável. Para cada atividade, avalie se as pessoas designadas estão adequadas e se os participantes envolvidos serão capazes de realizar o trabalho. Para cada pessoa, verifique se não está sendo responsável por mais atividades do que é capaz. Analise se os talentos disponíveis estão de acordo com o requisito de pessoas.

Essa tarefa de designação de papéis e responsabilidades do GP, considerada habilidade *hard*, é de suma importância no planejamento do RH da equipe. Contudo, habilidades *soft* são igualmente necessárias, e é o que passaremos a descrever em seguida.

A metamorfose de um GP

Em seu artigo sobre a metamorfose da gerência de projetos ocorrida na última década, Harris (2004) analisa as mudanças que têm ocorrido na prática de um GP. A metamorfose é um processo de mudança, tanto de forma quanto de sentido. Ocorre de maneira natural, tendo como objetivo a evolução. A metamorfose aumenta a importância do GP, gera novas competências e aperfeiçoa o processo de gerência. As organizações buscam reduzir seus custos de maneira sistemática por meio de terceirizações e operações *offshore*, fazendo com que os processos de gerência de projetos também se alinhem às estratégias corporativas globais. *Outsourcing* e *offshoring* foram as maiores tendências em TI na última década. Ambos os processos visam obter vantagens e benefícios de redução de custos e aumento da flexibilidade pela terceirização de serviços (*outsourcing*) e por operações dentro do país onde a empresa atua (*onshore*) e fora dele (*offshore*).

As habilidades *hard* dos GPs não são mais importantes na condução de um projeto do que as habilidades *soft*, que requerem mais proximidade com as pessoas da equipe e com os demais *stakeholders* do projeto. Com essas habilidades, o GP estará apto a executar as seguintes ações:

- construir uma ponte eficaz sobre os limites funcionais da organização para coordenar e executar melhor as tarefas;
- formular e alocar eficazmente os talentos da equipe para realizar tarefas identificadas do projeto;
- gerenciar uma equipe de projeto com múltiplas habilidades;
- executar as funções da gerência de negócio relacionadas ao projeto;
- acompanhar a equipe de projeto durante todo o processo de entrega dos produtos (*deliverables*);
- examinar os *deliverables* das áreas funcionais para assegurar que eles estejam de acordo com o previsto no projeto;
- fornecer o *feedback* do desempenho da equipe ao atingir os objetivos do plano de implementação;
- fazer a mediação dos pontos de contato coordenados por membros da equipe do projeto e pela equipe de colaboradores funcionais;

- conduzir as reuniões e fornecer os relatórios regulares de *status* e qualidade do projeto;
- manter toda a documentação do projeto para a revisão das lições aprendidas, ao final;
- manter clara e aberta a comunicação entre as seções funcionais de suporte à equipe do projeto.

Até o momento, mostramos que tipos de competências, habilidades *hard* e *soft* são necessárias para um GP. Vamos ver agora como é feita a designação de um GP para um projeto.

Designação de um gerente para o projeto

As formas pelas quais um GP é designado para um projeto podem ser formais ou informais. Uma designação formal para um projeto pode ser feita por meio de uma reunião com o *sponsor*, isto é, o patrocinador do projeto, ou com o chefe imediatamente superior, na qual são descritos o escopo e as expectativas do projeto, e toda a documentação é revista. O GP poderá também ser designado de maneira informal, como numa conversa de corredor, durante o almoço ou no café. Tudo depende de como a organização funciona.

O que acontece com a designação informal é que os papéis e responsabilidades, bem como a autoridade do GP, não ficam bem-definidos. Muitas vezes a designação do GP acontece depois do início do projeto, considerado um *deliverable*, o que não constitui uma boa prática. O GP deve ser designado para o projeto no seu instante inicial e envolver-se desde o começo das atividades.

A escolha de um GP poderá ser feita para um projeto apenas ou para compor uma equipe de pessoas que irá gerenciar projetos numa organização de forma permanente. A distribuição do tempo do GP ao longo de um projeto será vista em seguida.

Distribuição do tempo do gerente ao longo do projeto

As atividades do GP se estendem do início ao fechamento do projeto. Grande parte do seu tempo deve ser dedicada ao planejamento, para criar os planos do projeto, criar a visão do projeto para a equipe e preparar o ambiente para que os objetivos sejam atingidos de forma eficiente. Caso o planejamento tenha sido bem-feito, a execução e o controle devem ocupar o mínimo possível de tempo e esforço. As últimas semanas do projeto, frequentemente, requerem mais tempo e dedicação, para que sejam fechadas todas as pendências e incluídos a preparação da documentação e o relato das lições aprendidas durante seu ciclo de vida.

Veremos a seguir como o GP é designado para pequenos ou grandes projetos.

O gerente em pequenos e grandes projetos

O gerenciamento de grandes projetos é, geralmente, mais fácil do que o de pequenos projetos. Em empreendimentos de grande porte, o GP normalmente gerencia um projeto de cada vez. É mais fácil escalonar e resolver os problemas em grandes projetos porque, além da maior visibilidade, todos os *stakeholders* compreendem a importância de seus resultados. A equipe se dedica inteiramente ao projeto e os bônus estão diretamente ligados ao sucesso. Além disso, em grandes projetos existem procedimentos e relatórios formais de gestão, incluindo análise de custo × benefício e análise Swot (*strength* = pontos fortes da organização, *weakness* = pontos fracos da organização, *opportunities* = oportunidades no mercado, *threats* = ameaças existentes) feitas por um GP dedicado.

Projetos de pequeno porte começam com a realização concomitante dos processos de concepção e planejamento. Isso significa que o GP estará envolvido em reunir as informações necessárias para a aprovação formal do empreendimento e, ao mesmo tempo, planejando as etapas para sua realização. A alocação de recursos e o processo de documentação se iniciam de forma casual, sem os inerentes cuidados necessários a essas atividades.

Nos grandes projetos, toda a documentação está definida no início, como os requisitos do projeto, ordens de venda, aditivos de contratos e ordens de serviços. Esses documentos estão no formato padrão da empresa, definindo os *deliverables* e as estimativas de tempo para sua realização.

Projetos de pequeno porte, não tão rigorosos quanto os de grande porte, frequentemente não requerem a disciplina normalmente utilizada nesse tipo de gerenciamento porque são repetitivos e possuem requisitos muitas vezes semelhantes em outros empreendimentos. Exemplos dessa categoria de projetos são novos produtos, novas implementações para clientes, *release* de softwares, eventos anuais. Nesses casos, o GP deve iniciar o quanto antes a fase de planejamento, pois, do contrário, os dias passam e o caos pode instalar-se rapidamente.

Os GPs alocados para pequenos projetos muitas vezes executam vários deles ao mesmo tempo, o mesmo acontecendo com o *sponsor* e membros da equipe de projetos. O *sponsor* pode ser responsável por todos os projetos de uma mesma natureza e, em consequência disso, as prioridades podem conflitar-se, gerando muitos problemas para o GP resolver. Em geral, são atribuídas ao *sponsor* frases como: "Planejar é perda de tempo, uma vez que fazemos esses projetos a todo o momento". Contudo, a boa prática nos ensina que o planejamento sempre evita muitos dissabores ao longo do projeto. O que o leitor acha dessa ideia? Qual seria o tempo que o leitor reservaria para o planejamento nessas condições?

O GP obtém o sinal verde para conduzir o projeto por meio da reunião de partida, que abordaremos a seguir.

O papel do gerente na reunião de partida do projeto

A reunião de partida para apresentar o plano do projeto talvez seja a mais demorada que um GP vai realizar ao longo do empreendimento. É muito importante para o GP não subestimar o tempo dedicado a essa apresentação, na qual toda a documentação do projeto será revisada com a presença dos *stakeholders*. A correta programação da agenda do encontro, reservando tempo para questões técnicas e controversas, além de designar membros da equipe para apresentar itens relevantes do plano, constitui boa prática para essa situação.

O leitor está lembrado do que consta no plano do projeto? Vejamos: declaração do escopo do projeto, plano de gerenciamento do risco, plano de resposta ao risco, *template* para a seleção da equipe, plano de comunicação, folhas de análise das tarefas, planilha do orçamento, programação da linha de base, *template* do plano de qualidade, *template* de procedimentos para gestão de mudanças e plano de gestão das aquisições.

Para facilitar a reunião de partida, que, como vimos, objetiva assegurar que todos os *stakeholders* concordem com a direção do projeto e também com a diminuição da distância entre planejamento, execução e controle, alguns cuidados são necessários. Nesse ponto do projeto, o volume da documentação pode ser muito grande, e isso significa que o GP terá de definir níveis apropriados de detalhes para apresentar na reunião. Não há necessidade de identificar todos os riscos e requisitos detalhadamente para que todos entendam o plano do projeto.

Os resultados seguintes são esperados para cada item da agenda (use esta lista como um guia para cobrir os detalhes do plano do projeto).

- *Início da reunião* – Este item é a introdução da reunião, quando o GP revisa a agenda, programa os intervalos, identifica o método para captar os problemas e trata de outras questões administrativas gerais. Resultado esperado: começar a reunião na hora e identificar sua finalidade.
- *Apresentação dos membros da equipe* – Cada membro pode ser apresentado individualmente ou mediante um exercício de "quebra do gelo". Resultado esperado: propiciar aos membros da equipe uma vivência do estado de formação de uma equipe, criando oportunidade para que cada um fale claramente sobre suas expectativas e comprometimentos.
- *Revisão da declaração de escopo* – Implica rever os objetivos do projeto, justificativas, metas da equipe, metas do projeto, fatores críticos de sucesso, premissas e *deliverables*. Resultado esperado: obter a concordância dos *stakeholders* sobre a declaração de escopo do projeto e assegurar que todos compreendam os requisitos para mudanças no projeto.
- *Revisão do plano de gestão de riscos* – O plano de gestão de riscos é apresentado em conjunto com o processo para identificar e avaliar os riscos do projeto. Resultado esperado: assegurar que os *stakeholders* entendam o processo de identificação e avaliação de riscos.
- *Revisão da análise de riscos* – O plano de respostas aos riscos pode ser bastante extenso e o GP não deverá passá-lo em detalhes. Deve discutir o processo usado para definir as respostas aos riscos, ações e planos de contingências. Resultado esperado: obter a concordância dos *stakeholders* para o plano de respostas aos riscos envolvendo os principais itens.
- *Revisão dos papéis e responsabilidades* – Este item é dedicado à revisão dos papéis e responsabilidades dos membros da equipe do projeto e à obtenção do acordo formal da equipe e dos *stakeholders*. Resultado esperado: garantir que todos os

stakeholders entendam seus papéis, suas responsabilidades e seus impactos sobre o projeto.

❑ *Revisão do plano de comunicação* – O plano de comunicação é apresentado, incluindo a criação de regras para as reuniões. Resultado esperado: obter acordo sobre o plano de comunicação, regras das reuniões e a concordância dos membros da equipe sobre a frequência da comunicação e de reuniões programadas.

❑ *Revisão do orçamento* – Descrição do processo de análise das tarefas, mostrando como a informação foi usada para criar o orçamento. O GP deve estar preparado para discutir detalhes, caso haja alguma discordância quanto aos dados apresentados. Resultado esperado: obter a concordância dos *stakeholders* sobre o orçamento do projeto.

❑ *Revisão da programação* – Não há necessidade de rever em detalhes toda a programação nessa reunião. É importante identificar os *milestones*, datas dos *deliverables* e o caminho crítico das tarefas. Resultado esperado: os *stakeholders* devem entender a programação do projeto em nível geral, bem como as tarefas que compõem o caminho crítico.

❑ *Revisão do plano de qualidade* – Neste item faz-se a revisão do plano de qualidade do projeto para os auditores e inspetores de qualidade designados. Resultado esperado: obter acordo sobre a abordagem e processos utilizados para medir e garantir a qualidade.

❑ *Revisão do plano de aquisições* – Apresentação do plano de gestão, que inclui uma revisão dos processos para aquisição e as questões de natureza legal pertinentes. Resultado esperado: obter o acordo dos *stakeholders* sobre o processo de compra e questões legais envolvidas.

❑ *Aprovações* – O relator da reunião irá documentar a participação no encontro e as questões levantadas. O GP deve conscientizar-se de que todos os documentos devem ser aprovados, tendo em vista processos de auditoria. Resultado esperado: obter dos *stakeholders* o entendimento e a aprovação formal do plano do projeto.

Neste capítulo, vimos quais são as características do GP, o principal elemento no gerenciamento de um projeto. Em seguida, veremos como é feito o planejamento para a gestão de pessoas no projeto, uma das primeiras atividades que o GP desenvolve.

3

O plano de gestão de pessoas (recursos humanos)

Conforme afirmaram Newton e Araújo (citados por Dinsmore e Cavalieri, 2003:143),

a arte de lidar com recursos humanos e criar estratégias aderentes às organizações e às necessidades dos empregados não é uma tarefa simples ou que possa ser assimilada com um breve treinamento. Exige constante pesquisa, sensibilidade a toda prova, muita vivência do dia a dia e, acima de tudo, a utilização de bom senso.

A área de gerenciamento de pessoas realmente é complexa e subjetiva, e tem como objetivo principal possibilitar a utilização mais efetiva das competências das pessoas envolvidas no projeto, ou seja, seus *stakeholders* – todos aqueles que podem influenciar ou ser influenciados, positiva ou negativamente, pelo projeto. Para tal, é preciso planejar de maneira adequada as pessoas no projeto.

Segundo o *PMBOK® Guide* (PMI, 2013), planejar o gerenciamento de recursos humanos significa determinar funções, responsabilidades e relações hierárquicas do projeto, tanto em relação à equipe quanto aos grupos internos ou externos à organização executora do projeto. Significa, ainda, criar o plano de gestão de pessoas (recursos humanos), que pode incluir informações de como e quando os membros da equipe serão contratados ou mobilizados, critérios para sua liberação do projeto, identificação das necessidades de treinamento, planos de reconhecimento e premiação, considerações sobre conformidade, problemas de segurança e impacto do plano na organização.

Em linha com essa visão, abordamos, neste capítulo, a definição da estrutura organizacional do projeto, bem como dos requisitos de pessoas no projeto para fazer com que ele aconteça. Discutimos também – tomando por base o gerenciamento por competências como alicerce para gerenciamento de pessoas (assunto a ser abordado nos capítulos 5 e 6 deste livro) – o planejamento de processos de gerenciamento de pessoas: recrutamento e seleção; remuneração; gerenciamento de desempenho; treinamento e desenvolvimento. Por fim, apresentamos uma visão geral do conteúdo do plano de gestão de pessoas (recursos humanos).

A estrutura organizacional do projeto

De acordo com Verma (1996), uma estrutura organizacional do projeto deve ser concebida de forma a atingir o objetivo definido, por meio de um ambiente em que se promova a máxima interação humana com uma quantidade mínima de conflito destrutivo. Decidir que forma de estrutura organizacional utilizar em cada caso é um dos aspectos importantes do gerenciamento de projetos e deve considerar as características do projeto e o ambiente organizacional em que está inserido.

De maneira geral, existem três formas básicas de estruturas organizacionais: funcional, matricial e por projetos. As estruturas funcionais não são próprias para projetos. Normalmente, as organizações mais modernas são estruturadas em forma de matriz (fraca, balanceada ou forte) ou em uma forma completamente projetizada. O importante é perceber que o nível de autoridade do GP e do gerente funcional irá variar em cada uma das estruturas, conforme mostrado na figura 1.

Figura 1
VARIAÇÃO DO NÍVEL DE AUTORIDADE DO GP E DO GERENTE FUNCIONAL

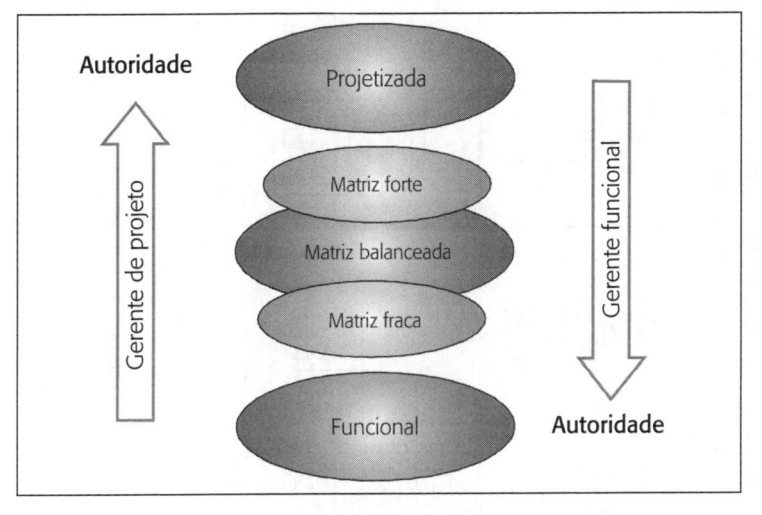

- Autoridade
- Gerente de projeto
- Projetizada
- Matriz forte
- Matriz balanceada
- Matriz fraca
- Funcional
- Gerente funcional
- Autoridade

A figura 2 é uma representação gráfica dos diversos tipos de estruturas organizacionais de projeto.

Estrutura funcional (figura 2a) – Estrutura tradicional na qual os gerentes funcionais têm autoridade formal sobre a maioria dos recursos. Só é apropriada para projetos dentro de uma área/departamento funcional. Não é adequada para projetos que requeiram uma diversidade de pessoas com diferentes especialidades, vindas de vários departamentos funcionais. Nesses casos, o estilo organizacional se torna uma matriz.

Figura 2
TIPOS DE ESTRUTURAS ORGANIZACIONAIS DE PROJETO
(a) FUNCIONAL (b) MATRICIAL FRACA (c) MATRICIAL BALANCEADA (d) MATRICIAL FORTE (e) PROJETIZADA

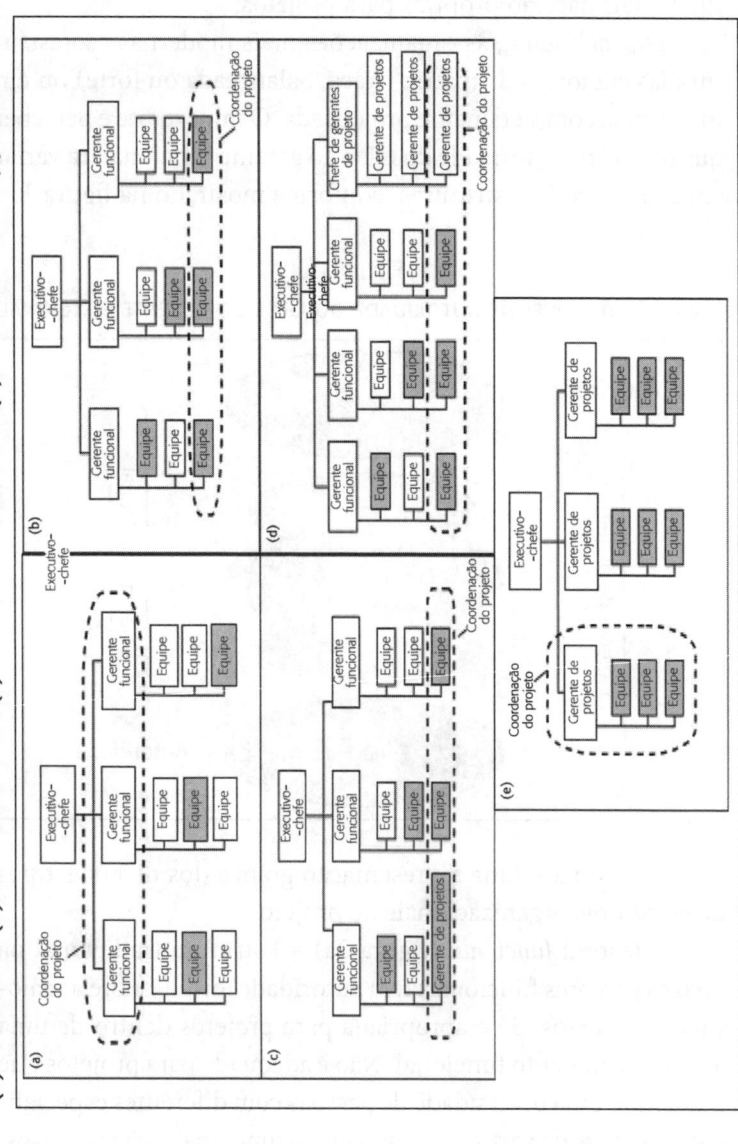

Fonte: *PMBOK® Guide* (PMI, 2013).
Nota: As caixas cinza representam equipes envolvidas do projeto.

Estrutura matricial (figuras 2b, 2c, 2d) – Grande parte dos projetos é caracterizada por equipes multidisciplinares e interfuncionais, compostas por membros com habilidades e especialidades diferentes, atribuídas aos projetos em uma base de tempo variável. Essas equipes são organizadas geralmente em forma de matriz, com GPs investidos de médio a alto poder para tomada de decisão, bem como de autoridade formal sobre os recursos do projeto.

A matriz estende-se de fraca a forte, conforme o nível de autoridade aumenta de baixo a alto. Em uma matriz fraca, ainda não há uma figura clara do GP; em uma matriz balanceada, o profissional de uma área funcional "está" GP; em uma matriz forte, o profissional, funcionalmente, "é" GP.

Estrutura projetizada (figura 2e) – Estrutura onde o GP tem alto nível de autoridade para gerenciar e controlar os recursos do projeto. Esse tipo de estrutura, geralmente mais estável, é organizado para produzir um serviço ou produto único, utilizando especialidades de diversas disciplinas e áreas funcionais por períodos específicos.

O quadro 6 apresenta algumas vantagens e desvantagens de cada uma das possíveis estruturas organizacionais de projeto. Não existe a melhor ou a pior estrutura. O fundamental é definir a mais adequada para determinado projeto inserido em determinado contexto.

Quadro 6
VANTAGENS E DESVANTAGENS DAS ESTRUTURAS ORGANIZACIONAIS DO PROJETO

Estrutura	Vantagens	Desvantagens
Funcional	❑ Estrutura organizacional duradoura. ❑ Membros da equipe se reportam a somente um gerente funcional. ❑ Recursos similares são centralizados e os setores são agrupados por especialidade.	❑ Maior ênfase no trabalho técnico do que no projeto. ❑ GP não tem autoridade e tem pouca influência sobre a equipe. ❑ Membros da equipe leais ao gerente funcional.

Continua

Estrutura	Vantagens	Desvantagens
Matricial	❑ Objetivos do projeto mais claros. ❑ Máxima utilização de recursos escassos. ❑ Melhor disseminação das informações tanto horizontal quanto verticalmente.	❑ Multiplicidade de comando – dupla chefia. ❑ Gerentes funcionais com prioridades diferentes daquelas dos gerentes de projeto. ❑ Maior probabilidade de conflitos e de duplicidade de esforços.
Projetizada	❑ Foco da organização é o projeto. ❑ Comunicação mais efetiva do que na organização funcional. ❑ Total autoridade do GP sobre os membros da equipe.	❑ Não há certeza quanto à realocação após o término do projeto. ❑ Duplicidade das funções exercidas. ❑ Ineficiência no uso dos recursos, em especial dos altamente especializados.

A definição da estrutura organizacional do projeto é um *input* importante para definição dos requisitos de pessoas.

Requisitos de pessoas no projeto

A definição de requisitos de pessoas no projeto deve partir de um entendimento de fatores ambientais da empresa – organizacional, técnico, interpessoal, logístico e político. Além desses fatores, existem restrições que limitam as opções da equipe do projeto no que tange ao planejamento de recursos humanos, por exemplo, estrutura organizacional, acordos de negociação coletiva e condições econômicas.

Outro dado importante na definição dos requisitos de pessoas no projeto são os ativos de processos organizacionais. Conforme a metodologia de gerenciamento de projetos amadurece dentro de uma organização, lições aprendidas de experiências passadas são disponibilizadas como ativos de processos organizacionais para ajudar a planejar os recursos humanos do projeto atual.

O plano de gerenciamento do projeto também fornece dados importantes para a definição de requisitos de pessoas, uma vez que contém a estrutura analítica do projeto (EAP), descrições de atividades de gerenciamento de projetos e dos recursos necessários para cada atividade. A EAP – em inglês, *work breakdown structure* (WBS) – é uma decomposição hierárquica, até o nível de pacotes de trabalho, orientada para a entrega do trabalho a ser executado pela equipe para atingir os objetivos do projeto.

Os papéis e responsabilidades de membros da equipe podem ser documentados em vários formatos (figura 3), entre eles gráficos hierárquicos, gráficos matriciais e texto. Seja qual for o modelo usado, o objetivo é garantir que não haja duplicidade de papéis ou falta de definição de um responsável, e que todos os membros da equipe tenham um entendimento claro de seus papéis e responsabilidades, a fim de garantir que o trabalho seja realizado.

Figura 3
FORMATOS DE DEFINIÇÕES DE PAPÉIS E RESPONSABILIDADES

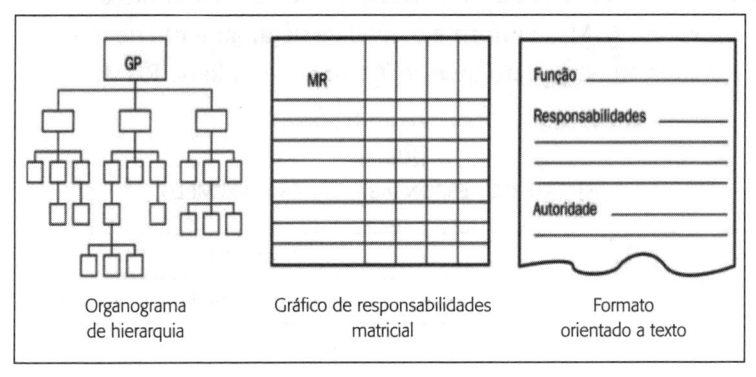

| Organograma de hierarquia | Gráfico de responsabilidades matricial | Formato orientado a texto |

Fonte: *PMBOK® Guide* (PMI, 2013).

Gráfico hierárquico – A estrutura do organograma tradicional pode ser usada para mostrar posições e relacionamentos em um formato gráfico de cima para baixo. A aparência do organograma é semelhante à da EAP, mas em vez de ser estruturado de acordo com a decomposição das entregas do projeto, ele o é de acordo com departamentos, unidades ou equipes existentes em uma organização. As atividades do projeto ou os pacotes de trabalho são listados abaixo de cada departamento existente. Dessa forma, um departamento operacional pode visualizar todas as suas responsabilidades no projeto, observando sua parte do organograma.

Gráfico matricial – Uma matriz de responsabilidades (*responsibility assign matrix* – RAM) é usada para ilustrar as relações entre um trabalho que precisa ser realizado e os membros da equipe do projeto. Em projetos maiores, é possível desenvolver as RAMs em vários níveis. Por exemplo, uma RAM de alto nível pode definir os grupos ou unidades da equipe do projeto responsáveis pelos componentes da EAP, enquanto RAMs de nível mais baixo são usadas dentro do grupo para atribuir papéis, responsabilidades e níveis de autoridade para atividades específicas. Para projetos maiores e mais complexos, se a RAM começar a ficar muito detalhada, pode perder sua utilidade por absoluta falta de visão. Nesse caso, é mais adequado subdividi-la em várias RAMs, conforme o nível de detalhamento necessário. A matriz mostrada no quadro 7 é um exemplo de RAM.

Quadro 7
MATRIZ DE RESPONSABILIDADES – EXEMPLO

Fase	Pessoas(*)			
	João	Maria	Pedro	Ana
Projeto	P	R	I	A
Suprimento	R	I	C	A
Fabricação	I	P	R	A
Construção e montagem	I	P	R	A
Testes	P	I	R	A
Comissionamento	P	P	R	A

* R = responsável; P = participa; C = comenta; I = informa; A = aprova.

Em formato de texto – As responsabilidades que exigem descrições detalhadas podem ser especificadas em formato de texto. Geralmente em formato de resumo, os documentos fornecem informações como responsabilidades, autoridade, competências e qualificações e são conhecidos por diversos nomes, inclusive *descrições de cargos e formulários de função-responsabilidade-autoridade.*

A descrição dos papéis e responsabilidades necessários para realizar um projeto é resultado do processo de desenvolver o plano de gestão de pessoas (recursos humanos) e deve conter os seguintes itens:

❏ papel – descreve a parte de um projeto pela qual uma pessoa é responsável. Sua clareza em relação à autoridade, responsabilidades e limites é essencial para o sucesso do projeto. Exemplos: engenheiro civil, advogado judicial, analista de negócios e coordenador de testes;

❏ autoridade – o direito de aplicar recursos do projeto, tomar decisões ou assinar aprovações. Exemplos de decisões que precisam de autoridade clara: seleção de um método para terminar uma atividade, aceitação de qualidade e respostas a variações do projeto;

❏ responsabilidade – o trabalho que um membro da equipe deve realizar para terminar as atividades do projeto;

❏ competência – a capacidade para apreciar, decidir ou realizar as atividades do projeto. Se os membros da equipe não possuírem as competências necessárias, o desempenho poderá ser comprometido. Essas deficiências podem ter como resposta treinamento, contratação, mudanças no cronograma ou mudanças no escopo.

O atendimento aos requisitos de pessoas no projeto deve ser feito por meio de recrutamento e seleção de profissionais, conforme necessário.

Recrutamento e seleção de profissionais

Segundo o *PMBOK® Guide* (PMI, 2013), as pessoas que irão atuar no projeto podem ser obtidas tanto de fontes internas quanto externas, devendo-se considerar os fatores ambientais da empresa. De forma geral, as características a serem consideradas nas designações de pessoas são:

- *disponibilidade* – quem estará disponível e quando?
- *capacidade* – quais competências as pessoas possuem?
- *experiência* – as pessoas realizaram trabalhos semelhantes ou relacionados?
- *interesses* – as pessoas estão interessadas em trabalhar nesse projeto?
- *custo* – quanto receberá cada membro da equipe?

Os ativos de processos organizacionais também devem ser considerados. Uma ou mais organizações envolvidas no projeto podem ter políticas, diretrizes ou procedimentos que controlem as designações de pessoas. Os departamentos de recursos humanos também podem auxiliar com recrutamento, contratações e orientação de membros da equipe do projeto.

Os papéis e responsabilidades – descritos como um dos resultados do processo de desenvolvimento do plano de gestão de pessoas (recursos humanos) – definem as posições, habilidades e competências exigidas. Os organogramas do projeto fornecem uma visão geral do número de pessoas necessárias. O plano de gestão de pessoas e o cronograma do projeto identificam os períodos em que cada membro da equipe será necessário e fornecem outras informações importantes para mobilização da equipe.

Em alguns casos, as pessoas que irão atuar no projeto são conhecidas antecipadamente, isto é, são previamente designadas. Essa situação poderá ocorrer se o empreendimento for resultado da promessa de pessoas específicas, como parte de uma proposta, se o projeto depender da especialização de pessoas específicas ou se algumas designações de pessoas forem definidas dentro do termo de abertura do projeto.

A capacidade da equipe de gerenciamento de projetos de influenciar outras pessoas tem função importante na negociação de designações de pessoas, da mesma forma que as políticas das organizações envolvidas. Por exemplo, um gerente funcional irá analisar os benefícios e a importância de projetos conflitantes quando estiver determinando para onde deverá designar funcionários extremamente competentes que são disputados por várias equipes.

Quando a organização executora não possui o pessoal interno necessário para realizar o projeto, os serviços exigidos podem ser adquiridos de fontes externas. Isso pode envolver a contratação de consultores individuais ou a subcontratação de trabalho de outra organização.

O uso de equipes virtuais – grupos de pessoas com meta compartilhada que executam suas funções sem se encontrar pessoalmente na maior parte do tempo – cria novas possibilidades durante a mobilização de pessoas para o projeto, uma vez que possibilita:

❑ formar equipes de pessoas da mesma empresa localizadas em áreas geográficas distantes;
❑ adicionar a uma equipe do projeto especialistas que não estejam na mesma área geográfica;
❑ incorporar profissionais que trabalham em *home office*;
❑ formar equipes de pessoas que trabalham em diferentes turnos ou horas;
❑ incluir pessoas com deficiência de locomoção;
❑ avançar em projetos que seriam ignorados devido a despesas com viagens.

O planejamento das comunicações em um ambiente de equipe virtual é importante, por motivos óbvios. A disponibilidade de comunicação eletrônica, como e-mail e videoconferência, sem dúvida, contribui para tal.

A partir de um mapeamento de competências dos profissionais, a organização passa a dispor de um banco de dados que poderá ser utilizado para identificar os recursos a serem alocados nas diversas atividades do projeto, conforme o perfil de competências necessário. A informação apresentada no banco de dados de competências também é útil para planejar treinamentos para a equipe ou balanceamento de recursos, o que inclui troca de pessoas entre departamentos, admissões e demissões.

O projeto terá o seu quadro de pessoas quando forem designados para trabalhar nele os profissionais adequados – designação de pessoas para o projeto. A documentação pode incluir uma lista da equipe, memorandos para membros da equipe e nomes inseridos em outras partes do plano de gerenciamento, como organogramas e cronogramas.

Já a disponibilidade de recursos documenta os períodos em que cada membro da equipe poderá trabalhar no projeto. A criação de um cronograma final confiável depende do fato de se ter um bom entendimento dos conflitos de cronograma individuais, inclusive períodos de férias e compromissos com outros projetos.

Por fim, conforme pessoas específicas atendam às funções e responsabilidades do projeto, talvez sejam necessárias mudanças no plano de gestão de pessoas, pois estas raramente correspondem exatamente aos requisitos de pessoas planejados inicialmente. Outras razões para mudar o plano de gestão de pessoas incluem promoções, aposentadorias, doenças, problemas de desempenho e mudanças na carga de trabalho.

As pessoas selecionadas para o projeto serão acompanhadas, ao longo do tempo, por meio do processo de gerenciamento de desempenho.

Gerenciamento de desempenho

O processo de gerenciamento de desempenho tem como foco medir se os objetivos atribuídos a cada profissional em determinado período foram alcançados. É o componente que avalia "o que" foi realizado pelo profissional. Ao acrescentar o componente de competências nesse processo, as organizações passaram a avaliar também "como" as metas foram alcançadas. Esse novo elemento acrescenta uma nova utilidade ao processo, associando o componente qualitativo ao anterior, que era predominantemente quantitativo. O gestor passa a verificar a tendência futura de desempenho e não se limita a olhar para o que passou.

Conforme esforços de desenvolvimento, como treinamento, formação da equipe e agrupamento, são implementados, a equipe de gerenciamento de projetos faz avaliações formais ou informais de sua eficácia – gerenciamento do desempenho da equipe. Espera-se que as estratégias e as atividades eficazes de desenvolvimento da equipe aumentem seu desempenho, o que amplia a probabilidade de que os objetivos do projeto sejam alcançados. O gerenciamento da eficácia de uma equipe pode incluir indicadores, como melhorias nas habilidades que permitem a uma pessoa realizar as atividades atribuídas de modo mais eficaz, melhorias nas competências e nos sentimentos que ajudam a equipe a atuar melhor como grupo, taxa de rotatividade de pessoas reduzida.

Caso o profissional tenha acesso à avaliação das suas competências comparadas àquelas requeridas para a sua função, pode utilizar essa informação para discutir metas compatíveis com suas competências ou pleitear um plano de desenvolvimento que o sustente nos desafios.

O plano de gestão de pessoas identifica estratégias e planos de treinamento para o desenvolvimento da equipe do projeto.

Conforme o projeto se desenvolve, itens tais como premiações, *feedback*, treinamento adicional e ações disciplinares são adicionados ao plano, como resultado das avaliações contínuas do desempenho da equipe. Outro item de extrema importância é a definição da forma de remuneração dos profissionais.

Remuneração

Também no processo de remuneração tem sido realizado um esforço de pesquisa para incluir a competência no conjunto de critérios para diferenciação da remuneração entre os elementos de uma força de trabalho. Um dos objetivos mais importantes é a retenção de talentos que, em tempos de valorização do capital humano, têm uma importância fundamental e estratégica. Poucas empresas conseguiram chegar a um consenso nessa questão, mas vale a reflexão. Como esse é um assunto sobre o qual o setor de RH irá deliberar, o GP deverá estar pronto para aplicar novos processos quando for necessário.

Parte do processo de desenvolvimento da equipe envolve o reconhecimento e a premiação de comportamentos desejáveis. Os planos originais relacionados a maneiras de premiar pessoas são desenvolvidos durante o planejamento de recursos humanos. As decisões de premiação são tomadas, formal ou informalmente, durante o processo de gerenciamento da equipe do projeto, por meio de gerenciamento de desempenho.

Conforme apontado no *PMBOK® Guide* (PMI, 2013), somente comportamentos desejáveis devem ser premiados. Por exemplo, a disposição de trabalhar além do expediente para atender a um objetivo desafiador do cronograma deve ser premiada ou reconhecida; a necessidade de trabalhar além do expediente como resultado de um planejamento malfeito não deve ser premiada. Premiações do tipo ganhar-perder (soma zero), que podem ser alcançadas somente por um número limitado de membros da equipe do projeto, como membro da equipe do mês, podem prejudicar a coesão da equipe. A premiação de comportamentos do tipo ganhar-ganhar, que todos podem alcançar, como enviar relatórios de progresso pontualmente, tende a aumentar o apoio entre os membros da equipe.

Caso o GP possa influenciar na indicação de aumentos salariais, deve-se analisar o pacote de benefícios total de cada membro da equipe e comparar esses valores com a contribuição atual e potencial aos projetos da organização. Além disso, outro fator a ser considerado no caso de reconhecimento e premiações são as diferenças culturais. O desenvolvimento de premiações adequadas de equipes em uma cultura que incentiva o individualismo, por exemplo, pode ser difícil.

O treinamento e o desenvolvimento também são considerados fatores importantes no gerenciamento de pessoas.

Treinamento e desenvolvimento

Este é o primeiro processo beneficiado com a implementação de um mapeamento de competências. Após a identificação das competências necessárias para cada função ou papel exercido pelos profissionais de uma organização e o mapeamento das competências reais desses indivíduos no momento, a lacuna existente entre o requerido e o real é a melhor fonte de informação para a elaboração de planos de desenvolvimento individuais ou de programas de treinamento para grupos de profissionais por departamentos ou para toda a organização.

As habilidades interpessoais, às vezes conhecidas como *soft skills*, são especialmente importantes para o desenvolvimento dos profissionais em um ambiente coletivo. Por meio da compreensão dos sentimentos dos membros da equipe do projeto, da antecipação de suas ações, do reconhecimento de suas preocupações e do acompanhamento de seus problemas, a equipe de gerenciamento de projetos pode reduzir os problemas e aumentar a cooperação de modo significativo. Habilidades como empatia, influência, criatividade e facilitação de grupos são ativos valiosos durante o gerenciamento da equipe do projeto.

O treinamento inclui todas as atividades criadas para aprimorar as competências dos membros da equipe do projeto, podendo ser formal ou informal. Exemplos de métodos de treinamento incluem atividades em sala de aula, on-line, baseadas em computador, no trabalho oferecido por outro membro da equipe do projeto, aconselhamento e orientação.

Se os membros da equipe do projeto não possuírem as habilidades técnicas ou de gerenciamento necessárias, elas poderão ser desenvolvidas como parte do trabalho do projeto. O treinamento agendado ocorre conforme definido no plano de gerenciamento de pessoas. O treinamento não planejado ocorre como resultado de observação, conversas e avaliações de desempenho do projeto realizadas durante o processo de controle de gerenciamento da equipe.

O plano de gestão de pessoas (recursos humanos)

O plano de gestão de pessoas (recursos humanos), como parte do plano de gerenciamento do projeto, fornece orientação sobre como os recursos humanos devem ser definidos, mobilizados, gerenciados, controlados e, por fim, liberados. Ele deve incluir, entre outros itens, papéis e responsabilidade, organogramas do projeto e plano de gerenciamento de pessoal (PMI, 2013).

O plano de gerenciamento de pessoal, como parte do plano de recursos humanos, descreve quando e como serão atendidos os requisitos de pessoas. Esse plano pode ser formal ou informal, detalhado ou genérico, dependendo das necessidades do empreendimento, e suas informações variam de acordo com a área de aplicação e o tamanho do projeto. Alguns dos itens a serem considerados incluem (PMI, 2013):

❑ *mobilização de pessoal* – diversas questões surgem ao planejar a mobilização de pessoas para o projeto. Por exemplo: se elas virão de dentro da organização ou de fontes externas contratadas; se os membros da equipe precisarão trabalhar em um único local ou poderão trabalhar em locais diferentes; quais serão os custos associados a cada perfil requerido;

❑ *calendário de recursos* – é preciso descrever a necessidade de pessoas para o projeto ao longo do tempo, individual ou coletivamente, e também quando as atividades de mobilização deverão ser iniciadas. Uma ferramenta bastante útil para representar graficamente essa parte do plano é um histograma de recursos, o qual ilustra o número de horas necessárias para uma pessoa, um departamento ou toda a equipe do projeto em cada período (dia, mês ou ano). O gráfico pode incluir uma linha horizontal que representa o número máximo de horas disponíveis para um profissional específico. As barras que se estendem além do número máximo de horas disponíveis identificam a necessidade de uma estratégia de nivelamento de profissionais, como a inclusão de mais pessoas ou a ampliação do cronograma;

❑ *plano de liberação de pessoal* – a determinação do método e do momento de liberação das pessoas beneficia tanto o projeto quanto as próprias pessoas. A liberação de pessoas do projeto no momento certo reduz custos, uma vez que não é preciso remunerar pessoas ociosas. O moral da equipe melhora quando são planejadas transições suaves para futuros projetos;

❑ *necessidades de treinamento* – se as pessoas a serem designadas para as diversas atividades não tiverem as competências

exigidas, é possível prever-se um plano de treinamento como parte do projeto;
- *reconhecimento e recompensas* – critérios claros para premiações e um sistema planejado para sua utilização irão promover e reforçar comportamentos desejados. Para que sejam eficazes, o reconhecimento e as recompensas devem basear-se em atividades e desempenho sob responsabilidade de uma pessoa. A criação de um plano com momentos estabelecidos para recompensas pode garantir que o reconhecimento ocorrerá e que não será esquecido;
- *conformidade* – sempre que aplicável, é preciso incluir estratégias para atender a regulamentos governamentais, acordos sindicais e outras políticas de RH estabelecidas;
- *segurança* – políticas e procedimentos que protegem as pessoas de perigos podem ser incluídos no plano, assim como no registro de riscos. Em empresas nas quais as pessoas estão expostas a fatores de alto risco, como na operação de uma plataforma, políticas e procedimentos de segurança, meio ambiente e saúde (SMS) são bastante detalhados e acompanhados.

Neste capítulo, foram discutidos o planejamento de recrutamento e seleção, a remuneração, o gerenciamento de desempenho e o treinamento e desenvolvimento, tomando por base o gerenciamento por competências. No próximo capítulo, serão abordadas questões relativas à formação da equipe do projeto.

4

Formação da equipe

A formação de uma equipe de projeto não se dá somente pela união de pessoas visando à realização de uma dada tarefa. Se pensarmos nas construções da época colonial, percebemos que elas têm alicerces firmes e bem-construídos. Se seus construtores tivessem partido logo para erguer paredes e telhados, talvez não tivéssemos hoje essas edificações de 250 anos. Da mesma maneira, as equipes precisam de alicerces fortes e cuidadosamente construídos.

A construção de um alicerce duradouro inclui a discussão de valores, visão, missão, expectativas e normas segundo as quais a equipe irá operar determinado projeto. Tudo isso deve ser feito antes de se aproximar da definição do trabalho. Durante e depois dessa definição, constroem-se equipes fortes, dando atenção às metas de desempenho, à arquitetura organizacional, aos papéis e responsabilidades, aos conhecimentos e habilidades e ao desenvolvimento contínuo das equipes.

Nenhum desses elementos de organizações eficazes foi inventado, assim como os construtores da época colonial não inventaram tijolos, pedras ou estuque. Mas o cuidado e a habilidade para integrar esses elementos em um modelo coeso podem ajudar a construir equipes de projeto de primeira linha.

Neste capítulo, discutem-se pontos importantes para a formação de equipes de projeto, em especial equipes consideradas de alto desempenho. Para tal, é feita uma comparação entre organizações tradicionais e as chamadas organizações de alto desempenho. São examinados tipos de equipe, a questão da integração, bem como papéis e responsabilidades na equipe. Abordam-se, ainda, as etapas de transição de uma equipe, as habilidades das equipes de alto desempenho, as fases de desenvolvimento e as estratégias de atuação das equipes.

Equipes de projeto tradicionais versus equipes de projeto de alto desempenho

Boyett e Boyett (1999) citam algumas empresas que obtiveram grandes resultados com equipes de alto desempenho. A AT&T Credit Corporation, por exemplo, usou equipes interfuncionais de alto desempenho para melhorar a eficiência e o serviço ao cliente. As equipes dobraram o número de pedidos de crédito processados por dia e reduziram em 50% o tempo de aprovação.

Mas o que são equipes de alto desempenho? Quais as suas principais características? O que isso tem a ver com projetos?

O quadro 8 apresenta uma comparação entre equipes de projeto tradicionais e equipes de projeto de alto desempenho.

Quadro 8
EQUIPES DE PROJETO TRADICIONAIS VERSUS EQUIPES DE PROJETO DE ALTO DESEMPENHO

Aspectos	Equipes de projeto tradicionais	Equipes de projeto de alto desempenho
Ênfase no aprendizado	O aprendizado é pouco recompensado.	O aprendizado é altamente valorizado.
Concepção do trabalho	As pessoas têm dificuldade para ver como contribuem para o produto ou serviço final e nunca se envolvem na resolução de problemas.	As pessoas veem uma conexão direta entre o que fazem e o produto ou serviço final. A resolução de problemas é parte do trabalho de todos.
Papel da gerência	Os gerentes atribuem tarefas, analisam o desempenho e decidem quais serão os procedimentos de trabalho, sem a contribuição dos funcionários.	Os próprios funcionários distribuem as tarefas, analisam o desempenho e decidem quais serão os procedimentos de trabalho a adotar.
Estrutura organizacional	Existem muitos níveis de gerenciamento e fronteiras nítidas entre gerência e subordinados.	Existem apenas alguns níveis de gerenciamento entre gerência e subordinados. A organização é muito horizontalizada.
Relacionamento com o cliente	As pessoas que trabalham em uma das etapas de uma operação não encaram como seus clientes as que trabalham na etapa seguinte.	Todos têm um cliente interno ou externo e buscam constantemente entender e suprir as necessidades do cliente.
Flexibilidade	A equipe demora a adotar novas tecnologias ou a converter tecnologias existentes para novos propósitos.	A equipe explora os progressos tecnológicos e busca encontrar formas inovadoras de utilizar a tecnologia existente.
Trabalho em equipe	As pessoas olham apenas para si mesmas. Os valores, quando existem, dizem respeito apenas aos lucros.	Valorizam-se o trabalho em equipe, a participação, a inovação e a qualidade tanto quanto os lucros.
Dedicação	Só algumas pessoas se sentem pessoalmente responsáveis pelo desempenho da equipe.	Todos se sentem pessoalmente responsáveis pelo desempenho geral da equipe.

Continua

Aspectos	Equipes de projeto tradicionais	Equipes de projeto de alto desempenho
Remuneração	Todos recebem as mesmas recompensas financeiras, independentemente de seu desempenho.	As pessoas são recompensadas de acordo com seu desempenho e/ou da equipe.
Acesso à informação	Gerentes e especialistas técnicos retêm informações. O acesso aos sistemas de informação e aos dados é rigidamente controlado.	Gerentes e especialistas técnicos compartilham livremente as informações. Os sistemas de informação permitem que as pessoas compartilhem prontamente as informações.
Equilíbrio sociotécnico	A tecnologia é considerada mais importante do que as pessoas.	A tecnologia e as pessoas são tratadas como tendo importância igual na equipe.

Fonte: Adaptado de Boyett e Boyett (1999:145-150).

Apesar dos indícios de que as empresas que investem em práticas de equipes de projeto de alto desempenho – como reorganização do trabalho, envolvimento dos profissionais nos processos decisórios e aperfeiçoamento das habilidades dos trabalhadores – obtêm altas recompensas em termos de maior produtividade, eficiência e aumento da capacidade de levar produtos ao mercado com rapidez, observa-se uma grande dificuldade para disseminar o conceito nas organizações. Talvez, simplesmente, porque a transição da equipe de projeto tradicional para equipe de projeto de alto desempenho não seja algo fácil. A definição dos tipos de equipe e a integração entre elas fazem parte desse processo de transição e nos ajudam a entender o contexto no qual equipes de projeto estão inseridas em uma organização.

Tipos de equipe e integração entre as equipes

Equipes são os alicerces das organizações de alto desempenho. Por mais que tentemos, é impossível chegar ao alto desempenho sem elas. A escolha do tipo certo de equipe não é, porém, tão simples como poderia parecer, uma vez que, conforme mencionado por Boyett e Boyett (1999), existe uma gama enorme de opções: equipes de trabalho, equipes interfuncionais, equipes de projeto, equipes de resolução de problemas, equipes autogerenciadas, entre outras. Independentemente dos nomes, o que se observa são três tipos básicos de equipes, que interagem entre si: de trabalho, de melhoria e de integração. Vejamos:

❑ *equipes de trabalho* – projetam, fabricam e oferecem um produto ou serviço a um cliente interno ou externo. São compostas de pessoas que atuam na linha de frente da maioria das organizações, fazendo pesquisas, fabricando produtos, vendendo, prestando serviço aos clientes e realizando a maioria das tarefas que contribuem para os resultados da organização. Incluem-se aí equipes de produção de bens manufaturados, equipes de desenvolvimento de novos produtos, equipes de propostas, equipes de consultoria, equipes de vendas e serviços, entre outras;

❑ *equipes de melhoria* – fazem recomendações de mudanças na organização, em processos e na tecnologia, a fim de melhorar a qualidade, o custo e o cumprimento dos prazos de entrega dos produtos e serviços. Ao contrário das equipes de trabalho, as equipes de melhoria, frequentemente, são temporárias. São criadas para lidar com um problema ou projetos específicos e depois se dissolvem. Equipes de projetos, grupos de auditoria, equipes de qualidade, forças-tarefa, equipes de melhoria do processo e grupos semelhantes para resolução de problemas são exemplos de equipes de melhoria;

❑ *equipes de integração* – garantem a coordenação do trabalho em toda a organização. Essas equipes reúnem duas ou mais equipes de trabalho e equipes de melhoria interdependentes em torno de um foco comum, como um cliente, uma linha de produtos, uma tecnologia ou um mercado ou área geográfica específica. As equipes de integração servem como vínculos entre as equipes de trabalho e as de melhoria. Normalmente, são compostas de membros das equipes interdependentes que estão sendo ligadas. Por exemplo, engenheiros de software das equipes de trabalho de desenvolvimento poderiam fazer parte da equipe de integração formada entre duas equipes de desenvolvimento de software. As equipes gerenciais representam uma forma especial de equipe de integração que define a direção estratégica, estabelece metas e monitora o desempenho das equipes de trabalho e melhoria.

As equipes de trabalho e as equipes de melhoria podem ser de natureza funcional ou interfuncional, dependendo do tipo de trabalho que precisam realizar e do grau de coordenação necessário ao seu sucesso. As equipes funcionais assemelham-se muito a departamentos ou seções de uma organização tradicional, com pessoas agrupadas de acordo com sua especialidade – qualidade, marketing, produção, compras, engenharia etc. As equipes interfuncionais reúnem pessoas por projeto ou processo, com especialistas de muitas disciplinas diferentes.

Mas como decidir se uma equipe deve ser funcional ou interfuncional? Mohrman, Cohen e Mohrman (1995) sugerem que se responda às seguintes perguntas:

❏ Que atividades precisam ser realizadas/integradas a fim de gerar valor para o cliente?

❏ Quais são os problemas que, não raro, impedem o trabalho na organização devido à incapacidade de se chegar a um acordo sobre como proceder ou devido a mudanças nas condições e conflitos?

❏ Em que ocasiões o trabalho que é realizado por diferentes indivíduos exige maior quantidade de coordenação técnica *online* para funcionar bem?

Embora na maioria das organizações de alto desempenho existam tanto equipes funcionais quanto interfuncionais, as últimas normalmente são os tipos dominantes na maioria delas. O mesmo é percebido quando olhamos apenas a dimensão de equipes de projeto. Raros são os projetos que não são interfuncionais. A figura 4 mostra um exemplo de reestruturação para formar uma organização de alto desempenho.

Figura 4
ORGANIZAÇÃO TRADICIONAL PARA ORGANIZAÇÃO DE ALTO DESEMPENHO

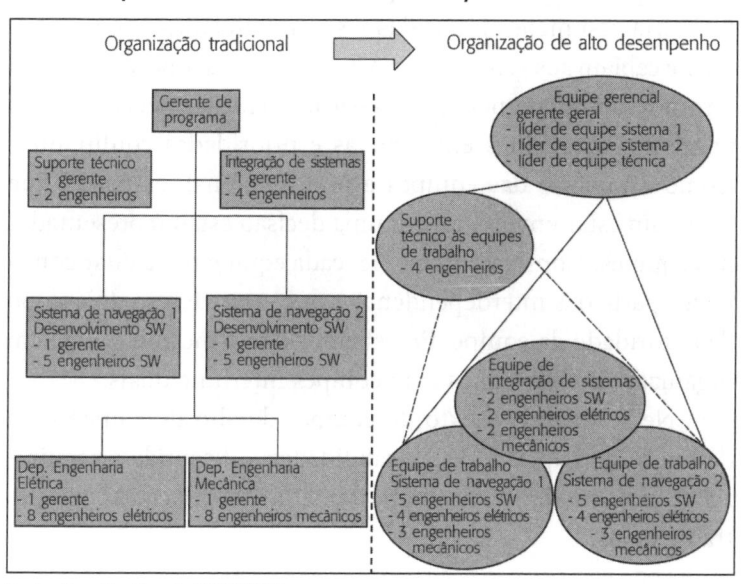

Fonte: Boyett e Boyett (1999:157).

O exemplo é o de uma empresa que presta serviços ao setor bélico, projetando sistemas de navegação. Tradicionalmente, a empresa era organizada em torno de departamentos funcionais ou grupos de trabalho específicos para a disciplina – desenvolvimento de software, engenharia elétrica, engenharia mecânica etc. Depois de ser reconcebida como uma organização de alto desempenho, o organograma da empresa mudou. Os departamentos funcionais de Engenharia Elétrica e Engenharia Mecânica foram eliminados e os dois grupos de desenvolvimento de software, transformados em equipes de trabalho interfuncionais, formadas por engenheiros de software, elétricos e mecânicos. O grupo de integração de sistemas foi eliminado e substituído por uma equipe interfuncional de integração de sistemas, composta de engenheiros de software, elétricos e mecânicos provenientes das duas equipes.

Em uma organização de alto desempenho, a hierarquia tradicional é eliminada. As equipes de trabalho e as equipes de melhoria assumem muitas das responsabilidades que normalmente cabiam aos gerentes e supervisores tradicionais, incluindo a responsabilidade pela coordenação técnica e pelas decisões referentes a escolhas entre metas e prioridades conflitantes. Como a maioria das equipes é interfuncional, as partes que deveriam estar envolvidas em uma decisão estão representadas nas equipes. Consequentemente, cada equipe pode lidar com a maior parte das interdependências que estão dentro do escopo da autoridade da equipe. Percebemos que o mesmo ocorre em organizações de projetos com equipes interfuncionais.

Nesse novo contexto de equipes de alto desempenho, a definição de papéis e responsabilidades – discutida a seguir – reflete uma mudança de comportamento em relação às equipes tradicionais.

Papéis e responsabilidades na equipe

Organizações de alto desempenho alteram permanentemente os relacionamentos entre gerentes, supervisores e funcionários. Alguns papéis tradicionais, como o de supervisor, desaparecem quase por completo. Outros papéis tradicionais, como o do operário e o do gerente, são inteiramente redefinidos.

O quadro 9 apresenta uma breve lista dos papéis e responsabilidades típicos de supervisão que as equipes de trabalho interfuncionais, autodirigidas, em uma organização de manufatura de alto desempenho realizam – o que nos permite observar a amplitude e o escopo das responsabilidades gerenciais tradicionais que a equipe assume.

Quadro 9
PAPÉIS E RESPONSABILIDADES DA EQUIPE EM UMA ORGANIZAÇÃO DE MANUFATURA DE ALTO DESEMPENHO

- Definir horários de trabalho e intervalos.
- Selecionar e destituir o líder da equipe.
- Tomar a iniciativa do reparo de equipamentos e máquinas.
- Atribuir tarefas específicas dentro do grupo de trabalho.
- Treinar novos membros do grupo de trabalho.
- Garantir a disponibilidade de material de produção e das peças de reposição necessárias.
- Manter o registro das horas trabalhadas de cada membro do grupo.
- Realizar inspeções de controle de qualidade e compilar dados.
- Preparar orçamentos de material e mão de obra.
- Preparar registros diários da quantidade produzida e do volume de estoque em andamento.
- Recomendar mudanças de engenharia em equipamentos, processos e produtos.
- Selecionar novos membros para o grupo e descartar antigos.
- Avaliar os membros da equipe para conceder aumentos salariais.
- Paralisar o processo ou a montagem se houver problemas de qualidade.
- Realizar reuniões semanais de grupo.

Fonte: Manz e Sims (1993:45).

Mas será que todas as equipes estão preparadas para assumir responsabilidades como essas? Não. Pelo menos não de imediato. Em vez de atribuir responsabilidades às equipes logo de início, sugere-se que tais responsabilidades sejam estabelecidas em etapas, ao longo do tempo. Uma boa ferramenta é a elaboração de um gráfico de responsabilidades, semelhante ao apresentado no quadro 10.

Quadro 10
GRÁFICO DE RESPONSABILIDADES – EXEMPLO

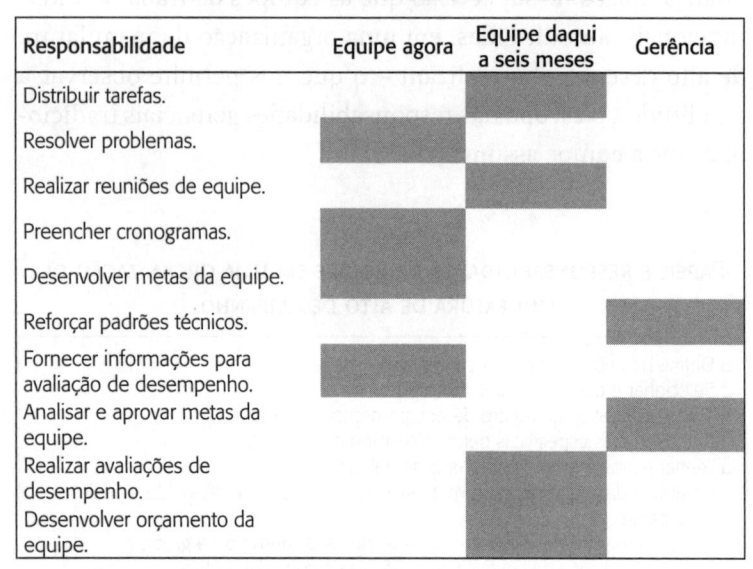

Responsabilidade	Equipe agora	Equipe daqui a seis meses	Gerência
Distribuir tarefas.		■	
Resolver problemas.	■		
Realizar reuniões de equipe.		■	
Preencher cronogramas.	■		
Desenvolver metas da equipe.			
Reforçar padrões técnicos.			■
Fornecer informações para avaliação de desempenho.	■		
Analisar e aprovar metas da equipe.			■
Realizar avaliações de desempenho.		■	
Desenvolver orçamento da equipe.			

Fonte: Mohrman, Cohen e Mohrman (1995:163-164).

De maneira semelhante, a transição da supervisão tradicional para liderança da equipe deve ser realizada em etapas.

As etapas de transição de uma equipe

A figura 5 sugere uma abordagem de transição de equipe em quatro etapas, conforme descrito a seguir.

Etapa 1: equipe inicial – As equipes interfuncionais são criadas, mas mantêm-se os supervisores formais (líderes de equipe designados) indicados pela gerência. O GP, atuando como supervisor, ainda estará presente nas atividades do dia a dia, mas espera-se que os membros da equipe compartilhem parte da responsabilidade pelo sucesso ou fracasso da equipe. Os deveres antes assumidos pelo GP (líder/supervisor da equipe) são delegados primeiro a alguns membros, e depois a todos eles. O GP está disponível para ensinar e treinar os funcionários nas técnicas de resolução de problemas, mas os membros da equipe não podem mais procurá-lo para resolver todos os problemas que surgem. Nessa etapa, espera-se, portanto, que os GPs assumam as seguintes responsabilidades: ajudar a equipe a moldar seus próprios propósitos, metas e abordagens comuns; desenvolver compromisso e confiança; fortalecer o mix e o nível de habilidades da equipe; gerenciar relacionamentos externos e eliminar obstáculos ao desempenho da equipe; criar oportunidades para que os membros da equipe se superem (Boyett e Boyett, 1999).

Figura 5
ETAPAS DE TRANSIÇÃO DA EQUIPE

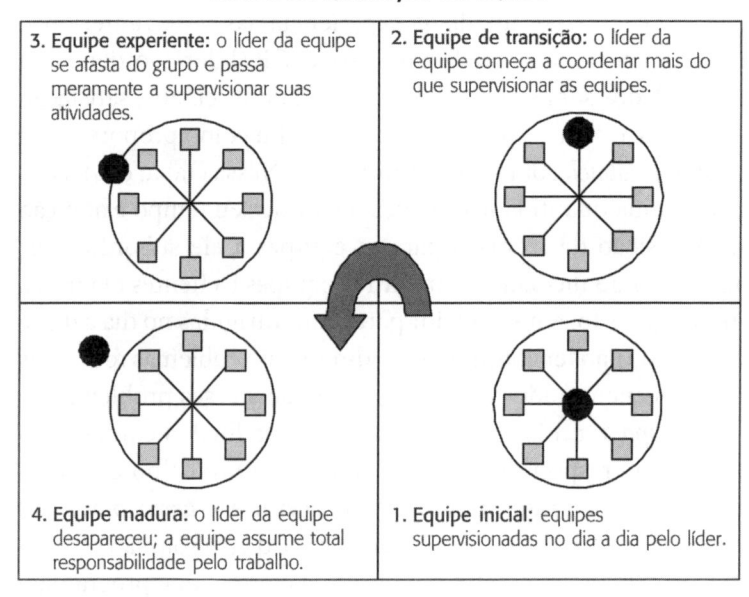

3. Equipe experiente: o líder da equipe se afasta do grupo e passa meramente a supervisionar suas atividades.	2. Equipe de transição: o líder da equipe começa a coordenar mais do que supervisionar as equipes.
4. Equipe madura: o líder da equipe desapareceu; a equipe assume total responsabilidade pelo trabalho.	1. Equipe inicial: equipes supervisionadas no dia a dia pelo líder.

Fonte: Boyett (1999:163-166).

Etapa 2: equipe de transição – À medida que os membros começam a assumir maior responsabilidade pela gerência das atividades da equipe, o papel do GP se modifica, aproximando-se mais da coordenação do que da supervisão. Os membros da equipe assumem gradualmente tarefas específicas de busca de informações, desenvolvimento de consenso no grupo, resolução de conflitos entre os grupos, decisões sem a participação do GP e atitudes para modificar políticas, procedimentos e métodos para a execução das atividades. O GP (líder da equipe) gerencia o grupo, coordenando habilidades e atividades individuais. O GP, no entanto, passa cada vez mais tempo captando recursos para a equipe e administrando relacionamentos com grupos externos do que monitorando as atividades da equipe no dia a dia.

Etapa 3: equipe experiente – Nessa etapa, o GP (agora chamado de coordenador, em vez de supervisor) é afastado do grupo e não tem mais controle direto sobre ele. Os próprios membros da equipe tornam-se responsáveis pelas decisões do dia a dia, depois de, como resultado da experiência nas etapas anteriores, demonstrarem capacidade para isso. O GP (líder/coordenador) coleta dados sobre produtividade, qualidade, custos, satisfação do cliente e outras variáveis críticas, assim como proporciona à equipe *feedback* sobre seu desempenho. Nessa etapa, o GP concentra uma quantidade cada vez maior de seu tempo e atenção na aquisição de recursos para as equipes a ele subordinadas, agindo como mediador com outras equipes e clientes externos. As equipes são, em sua maior parte, autodirigidas no dia a dia, e o GP pode não ter conhecimento direto dos problemas rotineiros por elas encontrados ou sobre sua reação a esses problemas.

Etapa 4: equipe madura – Nessa etapa final, a equipe é inteiramente responsável por seu trabalho. O trabalho e o papel do supervisor praticamente desaparecem. Até certo ponto, os problemas administrativos, financeiros e de pessoal são resolvidos principalmente pelos membros da equipe, que programam o próprio trabalho, atribuem os papéis e responsabilidades e resolvem os problemas técnicos, ou de outra natureza, com pouca ou nenhuma intervenção externa. O GP torna-se agora um apoio para um grupo de equipes, mas as equipes em si decidem quando precisam de ajuda em problemas técnicos ou sociais e o nível de assistência necessário. Quando solicitado, o GP fornece a ajuda ou a obtém de fontes externas.

A velocidade das equipes ao percorrerem essas etapas depende de diversos fatores, entre eles: grau de interdependência entre os membros da equipe, tamanho da equipe, diversidade funcional/de disciplina dos membros, grau de autossuficiência da equipe, volume de mudança, experiência e habilidade técnica, maturidade da equipe.

As fases de desenvolvimento da equipe

Mesmo que se planeje cuidadosamente a organização da equipe, definindo exatamente quantas equipes devem existir e de que tipo elas devem ser, ainda que se misturem e combinem equipes de trabalho, melhoria e integração adequadas, criando a configuração ideal, mesmo que se planejem cuidadosamente as novas responsabilidades das equipes e se realize um intenso treinamento a fim de garantir que todos terão as habilidades necessárias ao sucesso, o resultado não será o esperado.

Isso porque, apesar de todo o planejamento, o desempenho da maioria das equipes passa por um declínio antes de alcançar verdadeiros ganhos. Ou seja, as coisas pioram bastante antes de melhorar; a estrada para o alto desempenho é bastante acidentada. A situação não é diferente no caso de equipes de projeto. As equipes passam por diferentes fases, conforme ilustrado na figura 6 (Zannelli, Borges-Andrade e Bastos, 2004).

Fase 1: formação – Deve-se esperar um período de grande ansiedade durante a formação inicial de uma equipe de projeto. As pessoas selecionadas para fazer parte da equipe sentirão certo orgulho por terem sido escolhidas, mas terão muitas perguntas: "O que se espera de mim?", "O que devo fazer?", "Quais são as regras?". A fase de formação é uma fase de exploração. A animação do envolvimento com algo novo vem acompanhada de sentimentos de insegurança, ansiedade e confusão. Todos na equipe estão, no fundo, avaliando uns aos outros, dimensionando suas habilidades e atitudes. Como ninguém sabe ao certo o que acontecerá, a produtividade é baixa. Não espere que as equipes realizem muito nessa fase.

As atividades de formação da equipe podem variar desde um item de pauta de cinco minutos em uma reunião de avaliação do andamento até uma experiência externa com facilitadores profissionais, criada para aprimorar as relações interpessoais. Algumas atividades em grupo, como o desenvolvimento da EAP, podem não ser explicitamente criadas como atividades de formação da equipe, mas podem aumentar sua coesão quando a atividade de planejamento é estruturada e facilitada de modo satisfatório. Um exemplo de treinamento adotado por diversas organizações é o treinamento experiencial ao ar livre (Teal®), uma metodologia de aprendizagem na qual os participantes, por meio de experiências/atividades individuais e em grupo, vivenciam situações análogas às do dia a dia das equipes (Dinsmore e Silveira Neto, 2004).

Figura 6
FASES DO DESENVOLVIMENTO DE EQUIPES

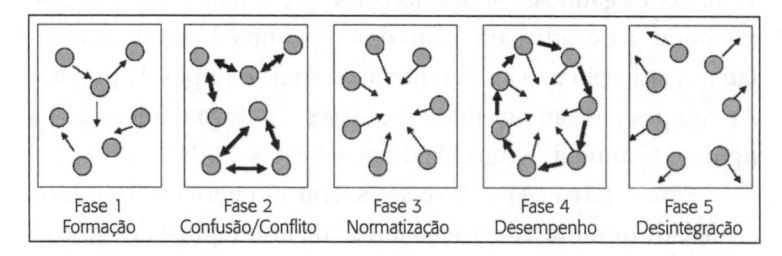

| Fase 1 Formação | Fase 2 Confusão/Conflito | Fase 3 Normatização | Fase 4 Desempenho | Fase 5 Desintegração |

Fonte: Zannelli, Borges-Andrade e Bastos (2004:374).

Fase 2: confusão/conflito – Nessa fase, as coisas parecem ir de mal a pior. Os membros da equipe vão ficando impacientes com a falta de progresso e ansiosos para colocar a "mão na massa", mas não sabem exatamente como seguir em frente.

Todos estão começando a descobrir que trabalhar em equipe é mais complicado do que desconfiavam. Todos ficam frustrados e, frequentemente, zangados consigo mesmos e com os outros membros da equipe. Durante esse período, é comum ver os membros da equipe culparem uns aos outros e adotarem comportamentos defensivos; é um período de confrontos, desunião, tensão e hostilidade. Formam-se subgrupos. A equipe luta para identificar sua missão, meta, papéis e para chegar a um acordo sobre como trabalhar em conjunto, em prol do projeto. A produtividade continua caindo. A equipe passa por sua fase mais difícil. Nesse momento é importante estimular a comunicação e as atividades informais, devido a sua função no desenvolvimento da confiança e no estabelecimento de boas relações de trabalho. Isso se torna particularmente valioso quando os membros da equipe de projeto trabalham virtualmente a partir de locais remotos, sem a vantagem do contato pessoal.

Fase 3: normatização – De uma hora para outra, as coisas começam a melhorar. Nessa fase, a equipe desenvolve algumas regras básicas ou normas para o trabalho em conjunto. As pessoas finalmente param de tentar chamar a atenção e percebem que estão todas no mesmo barco. Aos poucos, chegam até mesmo a gostar da equipe e desenvolvem ligações entre si. Existe uma noção de coletividade. As pessoas começam a cooperar, em vez de competir. A comunicação se abre e a confiança cria raízes. A produtividade continua baixa, pois os resultados concretos são poucos. O compromisso com diretrizes claras diminui os mal-entendidos e tende a aumentar a produtividade. Todos os membros da equipe do projeto compartilham a responsabilidade de impor as regras, uma vez que estejam estabelecidas.

Fase 4: desempenho – Finalmente, ocorre uma revolução. A equipe de projeto ganha confiança. As pessoas chegam a um consenso sobre o que é a equipe e o que se está tentando realizar. A equipe desenvolve e começa a utilizar processos e procedimentos estruturados para se comunicar, resolver conflitos, alocar recursos e relacionar-se com o resto da organização. As pessoas compartilham informações e pontos de vista de forma livre e construtiva. O conflito é canalizado construtivamente e leva à descoberta de soluções criativas para os problemas relacionados ao trabalho. A equipe começa a desenvolver um forte orgulho por suas conquistas. Finalmente, o trabalho é realizado.

Fase 5: desintegração – Essa fase ocorre quando os objetivos que levaram à criação da equipe são atingidos e não há mais razão para ela continuar a existir. Essa fase é válida no caso de equipes temporárias, como equipes de projeto. Equipes permanentes procurarão sempre sobreviver e se fortalecer a partir de processos de renovação – seja de metas, seja de tecnologia – ou, se for preciso, da troca de alguns membros.

Apesar de serem realmente identificáveis, as cinco fases apresentadas não ocorrem de maneira tão "pura". Mesmo que uma equipe de projeto tenha um tempo razoável de existência, tenha definido as regras e normas de desempenho e esteja na fase de desempenho, ela pode negociar papéis e ajustar as metas aos recursos de que dispõe. De qualquer forma, o quadro 11 apresenta algumas ações a serem realizadas pelos GPs em cada uma das fases de desenvolvimento das equipes de projeto.

Quadro 11
O QUE FAZER PARA LIDERAR UMA EQUIPE DURANTE AS FASES DE DESENVOLVIMENTO

Fase	O que fazer como GP
Formação	❑ Ajude a equipe a se conhecer melhor e ofereça direção e propósito claros. ❑ Envolva os membros no desenvolvimento de planos, esclarecimento de funções e definição de formas de trabalharem juntos. ❑ Forneça as informações necessárias para que a equipe comece a trabalhar.

Coninua

Fase	O que fazer como GP
Confusão/ confrontação	❏ Resolva os problemas de poder e autoridade. ❏ Desenvolva e implemente acordos sobre como são tomadas as decisões e quem as toma. ❏ Adapte o papel de liderança de modo a permitir que a equipe se torne mais independente.
Normatização	❏ Utilize inteiramente as habilidades, o conhecimento e a experiência dos membros da equipe. ❏ Estimule e reconheça o respeito mútuo entre os membros da equipe. ❏ Estimule os membros a colocar a mão na massa e trabalhar de forma cooperativa.
Desempenho/ execução	❏ Atualize os métodos e procedimentos da equipe para sustentar a cooperação. ❏ Ajude a equipe a entender como gerenciar a mudança. ❏ Monitore o progresso do trabalho e comemore as conquistas.
Desmobilização	❏ Trate essa fase como um processo natural. ❏ Tranquilize a equipe quanto ao futuro. ❏ Estabeleça um processo de transição.

Fonte: Adaptado de Scholtes Joiner e Streibel (1996).

Por fim, é importante estabelecer uma estratégia de atuação da equipe, que, sem dúvida, irá variar conforme a fase de desenvolvimento em que ela se encontra.

Estratégias de atuação das equipes

Assim como em um time de futebol ou de voleibol o técnico estabelece para cada jogo uma estratégia de atuação, em projetos é preciso que o GP defina a estratégia de atuação da equipe. Essa estratégia dependerá de vários fatores, entre eles a fase em que o projeto se encontra, o perfil de cada membro da equipe e a maturidade da equipe. No caso de uma equipe mais madura, ela própria poderá definir sua estratégia de atuação. Além disso, as habilidades de cada membro devem sempre ser levadas em consideração na definição da estratégia de atuação da equipe. Não apenas as habilidades *hard*, como o conhecimento técnico/

funcional sobre determinado assunto, mas também as habilidades *soft*, como comunicação, liderança, negociação e capacidade de resolução de problemas devem ser consideradas.

Um exemplo de estratégia é o agrupamento (*colocation*), o qual envolve a colocação de muitos ou de todos os mais ativos membros da equipe do projeto no mesmo local físico, para aprimorar sua capacidade de atuar como uma equipe. O agrupamento pode ser temporário, como em momentos estrategicamente importantes durante o projeto, ou ao longo de todo o projeto. A estratégia de agrupamento pode incluir uma sala de reuniões, às vezes denominada sala de comando (*war room*), com dispositivos de comunicação eletrônica, locais para divulgação de cronogramas e outras conveniências que melhoram a comunicação e o senso de comunidade. Embora o agrupamento seja considerado uma boa estratégia, o uso de equipes virtuais reduzirá a frequência com que os membros da equipe são colocados juntos (PMI, 2013).

Neste capítulo, tratou-se da formação de uma equipe de projeto. Para tanto, foram abordados tópicos como tipos de equipe, a questão da integração, papéis e responsabilidades, as etapas de transição de uma equipe, as habilidades necessárias às equipes de alto desempenho, as fases de desenvolvimento e as estratégias de atuação das equipes de projeto. No próximo capítulo, será abordado o desenvolvimento das pessoas.

5

Desenvolvimento das pessoas

Para abordar o desenvolvimento das pessoas, optou-se pelo enfoque na melhoria da aptidão dos profissionais. Este capítulo parte do pressuposto da necessidade de cada membro da equipe atuar na autogestão de sua carreira. O gerente de projetos (GP) terá de se adaptar a novas condições de relacionamento com os liderados que se preocupam com o desenvolvimento de seus conhecimentos e habilidades.

Para melhor entendimento da questão, considerou-se adequado que os GPs estejam familiarizados com o conceito de conhecimento explícito e de conhecimento tácito, além da dinâmica da sua transformação pela "espiral do conhecimento". Para complementar, é explicado o que é a competência no âmbito da organização e sob o ponto de vista dos indivíduos da equipe.

Considerando que a aprendizagem do todo é maior que a soma das partes, o GP também deve tomar ciência do que é uma organização que aprende. Finalmente, o processo de desenvolvimento da equipe vincula o plano de desenvolvimento do indivíduo (PDI) à gestão de desempenho, e aponta a universidade corporativa como modelo mais adequado de infraestrutura para prover soluções de desenvolvimento para as pessoas.

A necessidade de desenvolvimento contínuo dos profissionais

A fim de preparar as pessoas para novos tempos de necessidade de aprendizagem contínua, as organizações divulgaram o conceito de empregabilidade, buscando a adesão de seus colaboradores a esse novo acordo, que substituiu o antigo paradigma da segurança do emprego. De forma resumida, esse conceito pode ser definido como a capacidade de o profissional se manter permanentemente em condições de ser assimilado pelo mercado de trabalho por apresentar as competências necessárias e valorizadas pelas empresas.

A consequência dessa substituição nas relações entre empresas e empregados foi o aumento da rotatividade dos profissionais em busca de autodesenvolvimento, devido à necessidade de garantirem seu constante valor de mercado. Essas pessoas passaram a demandar das empresas uma infraestrutura e ambientes propícios à atualização técnica e ao crescimento profissional. Somente quando essas condições são atendidas o novo pacto passa a vigorar.

Entender a dinâmica desse novo contexto é fundamental para que o GP possa lidar com os profissionais que estão em sua equipe, pois a gestão de pessoas, cuja tarefa é intelectual, exige um tipo de liderança sofisticada. Ao entender o conceito de empregabilidade, os profissionais assumiram a gestão das próprias carreiras. Mas qual é o significado de carreira no atual contexto?

Autogestão de carreira

Diferentemente do conceito de profissão, que é estático, carreira é um caminho em constante construção, e cada profissional é o principal responsável por liderar sua própria jornada. Equivocadamente, entretanto, ainda existem pessoas que delegam às organizações e aos seus gerentes essa missão.

Até mesmo nas grandes organizações, que têm processos para gerenciamento de carreiras, o papel do profissional não pode ser passivo diante dessa questão determinante na sua vida – principalmente se considerarmos que uma carreira tem possibilidades mais amplas que os limites de uma única empresa. Além disso, a empresa ou o GP tem de lidar com a carreira de várias pessoas. Organizações modernas têm expectativa de que a responsabilidade de desenvolvimento e gestão de carreiras seja compartilhada pela empresa e pelo funcionário, que deve ter uma postura proativa em relação ao próprio futuro. Para isso, a empresa deve disponibilizar todas as informações para que as pessoas possam planejar suas ações de desenvolvimento. Isso é positivo para os indivíduos e bom para as organizações, que ganham agilidade na obtenção das competências de que necessitam. O GP deve ter em mente que o desenvolvimento de pessoas deve não somente ter foco nas competências para o projeto em andamento, mas também visar à preparação do profissional para que assuma novos projetos no futuro.

Complementarmente às ações de desenvolvimento que o próprio funcionário solicita, continuam sendo necessários os programas de desenvolvimento planejados e implementados pela organização ou pelo GP. A equipe não pode ficar totalmente responsável por providenciar o desenvolvimento de suas competências, componente-chave para o sucesso de projetos e para a sustentação do crescimento da organização.

Nesse contexto de responsabilidade compartilhada, é imprescindível que a empresa tenha uma infraestrutura de mapeamento das competências para que o desenvolvimento da equipe seja embasado nas reais necessidades do negócio e da carreira dos indivíduos.

Para reforçar essa afirmação sobre o mapeamento de competências, é adequado contextualizar o assunto a partir da importância da gestão do conhecimento nas empresas de hoje.

Evolução e abrangência do conceito de competências no gerenciamento de pessoas

Na sociedade contemporânea existe a percepção de que o conhecimento é o principal fator de produção e o responsável pela competitividade de uma organização. Torna-se importante, portanto, gerir o conhecimento da organização de forma estruturada e intencional. Se considerarmos que é o elemento humano que detém o conhecimento necessário para a implementação de qualquer empreendimento, os GPs precisam atuar como gestores das competências das pessoas para que elas estejam aptas a realizar as atividades necessárias em cada etapa do projeto atual e se preparem para os futuros. Nesse contexto, as organizações adotam metodologias de gestão de conhecimento e de gestão de competências. Para entender essa nova realidade, é necessário vermos antes o significado de conhecimento e competências no ambiente organizacional.

Classificação do tipo de conhecimento

Para facilitar a tarefa de gerenciar o conhecimento em uma organização ou em um projeto, é útil classificar o conhecimento em dois tipos, como faz Polanyi (1966):

- conhecimento explícito – aquele que está registrado em algum meio físico. Pode ser um manual de procedimentos, um vídeo com um depoimento ou um banco de dados com informações sobre os clientes. Esse tipo de conhecimento é facilmente compartilhado entre as pessoas e disseminado em

uma organização. Na realidade, o conceito de conhecimento explícito é idêntico ao conceito de informação;
❑ conhecimento tácito – esse é o que se pode chamar verdadeiramente de conhecimento. É o que uma pessoa sabe, mas é difícil demonstrar e, muitas vezes, impossível verbalizar. Está, por exemplo, na sensibilidade do provador de vinhos, que não tem como definir o seu paladar em palavras exatas. Também está na decisão do negociador que, em determinado momento, toma um rumo diferente porque percebeu uma abordagem melhor. É difícil passar esse tipo de conhecimento de uma pessoa para outra. A única forma de ter sucesso nesse sentido é no contato direto, na socialização.

Espiral do conhecimento

Considerando esses dois tipos de conhecimento, tácito e explícito, podemos entender o modelo de gestão do conhecimento chamado "espiral do conhecimento", definido por Nonaka e Takeuchi (1997). A intenção do modelo é traduzir o movimento de transformação do conhecimento em quatro etapas principais, conforme demonstrado na figura 7. Para estimular o movimento de transformação do conhecimento dentro da equipe do projeto, o GP deve entender esses mecanismos.

❑ *Conhecimento tácito para tácito* ⇨ *socialização.*
Exemplos: conversa no café, compartilhamento de informações e conhecimento entre pessoas e equipes. Ações para estimular a socialização: *brainstorming*, observação, imitação, prática, interação face a face, "aprender imitando".
❑ *Conhecimento tácito para explícito* ⇨ *externalização.*
Exemplos: escrever relatório, descrever processo, desenhar modelo ou diagrama – conceituação do conhecimento, transformando-o de tácito em explícito. Ações para estimular a externalização: dedução, indução, metáfora, analogia, "aprender explicando".

- *Conhecimento explícito para explícito* ⇨ *combinação.*
Exemplos: trocar relatórios por e-mail, compor conjuntos mais complexos, descrever de forma mais simples ou em outra mídia – trata-se da sistematização do conhecimento, para então compartilhá-lo e gerar aprendizado organizacional. Ações para estimular a combinação: sistematização, troca de documentos, classificação, "aprender trocando", uso de *groupware*, de sistemas de busca e de bancos de dados.
- *Conhecimento explícito para tácito* ⇨ *internalização.*
Exemplos: ler e formar opinião sobre um texto ou vídeo – operacionalização do conhecimento (geração de resultados pela aplicação do aprendizado). Ações para estimular a internalização: incorporação, verbalização, diagramação, receber orientação, "aprender fazendo".

Figura 7
ESPIRAL DO CONHECIMENTO

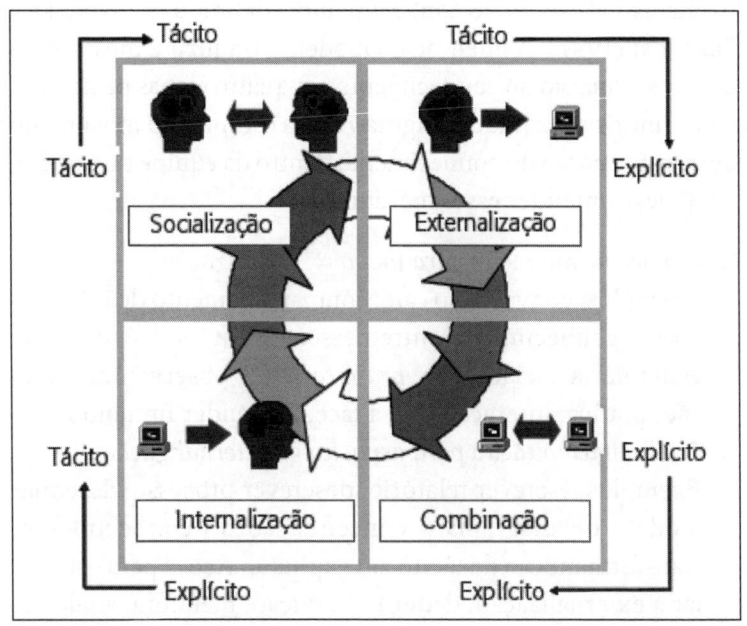

Fonte: Nonaka e Takeuchi (1997).

Aprendizagem do todo

Mas não basta que o conhecimento flua entre as pessoas da equipe. É necessário que a organização seja uma organização que aprende (*learning organization*), conceito difundido por Senge (1990). Isso significa que tanto indivíduos quanto organizações devem aprender e que o conhecimento do todo não é a soma das partes. Pode ser maior ou menor. O aprendizado individual é necessário, mas não é suficiente para garantir a inteligência empresarial, e a premissa é que haja eficácia na transferência do conhecimento dos indivíduos para a organização. Da mesma forma, em um projeto, não basta escolher os profissionais com as maiores competências para montar uma equipe de sucesso. Para que esse conhecimento seja realmente compartilhado na equipe, a proposta de Senge são as chamadas cinco disciplinas a seguir expostas:

- *domínio pessoal* – usando o domínio pessoal, cada um aprende a esclarecer e aprofundar continuamente seu objetivo próprio, a concentrar as energias, a desenvolver a paciência e a ver a realidade de maneira objetiva;
- *modelos mentais* – são ideias profundamente arraigadas, generalizações ou mesmo imagens que influenciam nosso modo de encarar o mundo e nossas atitudes. Para minimizar conflitos, deve ser entendido pelo GP, pelo grupo e pelo próprio indivíduo que cada pessoa tem modelos mentais diferentes. Ter pontos de vista diferentes sobre as questões pode ser uma qualidade da equipe quando todos fazem o esforço de entender um ao outro;
- *objetivo comum* – são objetivos, valores e compromissos assumidos em conjunto pelos membros da organização interna. Consiste na busca de visões compartilhadas do futuro;
- *aprendizagem em grupo* – começa com o diálogo, a capacidade dos membros do grupo de levantarem ideias e participarem de um raciocínio conjunto para a criação de um novo conhecimento coletivo;

❑ *raciocínio sistêmico* – conhecimentos e instrumentos que têm por objetivo tornar mais claro o conjunto dos processos operacionais e, com isso, mostrar as modificações a serem feitas para sua melhoria. O raciocínio sistêmico integra as outras quatro disciplinas, reforçando cada uma delas; está sempre mostrando que o todo pode ser maior que a soma das suas partes.

Uma organização que aprende tem o ambiente ideal para o gerenciamento do conhecimento e de competências. E como falamos de competências, vamos entender seu conceito.

Conceito de competências organizacionais e individuais

Primeiro, o GP deve saber que, no âmbito das organizações, existem duas aplicações para a palavra competência: organizacional e individual.

Competência organizacional é o conjunto de um pequeno número de habilidades estratégicas que dão vantagem competitiva à organização, conforme foi definido por Prahalad e Hamel (1990). Uma forma de classificar e identificar as competências organizacionais é separá-las em básicas e essenciais.

As chamadas *competências básicas* da organização são as capacidades necessárias, porém não suficientes, para que a organização esteja no mercado. Variam de organização para organização, mas não as diferenciam. E podem ter sido essenciais no passado. Um exemplo é a gestão de qualidade, que foi diferenciadora no passado, mas tornou-se básica quando todos alcançaram esse patamar.

Já as *competências essenciais* são um conjunto de habilidades e tecnologias que permitem à organização competir por suas capacidades e não somente pelos produtos e serviços. Esse valor deve ser percebido pelo cliente como o próprio DNA da organização. Assim, a figura das *competências dos indivíduos* que trabalham na organização assume outro significado. Em sua origem, em latim, *competentia* significa "capacidade para apreciar, decidir ou fazer alguma coisa". Na atualidade, o conceito de competência também implica a realização de uma atividade bem-sucedida. Cada organização tem uma definição diferente, mas a essência é semelhante. Independentemente da definição adotada, muitas organizações passaram a identificar o conjunto de competências que seus funcionários precisam aplicar para sustentar a *competência essencial* da empresa.

Então, também na gestão de um projeto, o GP deve garantir uma equipe com as competências adequadas para a realização das tarefas que farão o objetivo final ser alcançado. Para tanto é necessário atrair, reter, provocar a motivação e desenvolver as pessoas pelas suas competências. Daí a utilidade de entender o ciclo de desenvolvimento da equipe, descrito a seguir.

Desenvolvimento da equipe

O ciclo de desenvolvimento da equipe (figura 8) tem seis etapas e propõe vincular a gestão de desempenho ao desenvolvimento de competências das pessoas.

Figura 8
CICLO DE DESENVOLVIMENTO DA EQUIPE

1. Definição de objetivos
2. Inventário de competências
3. Plano de desenvolvimento individual
4. Execução do plano
5. Acompanhamento gerencial
6. Avaliação anual

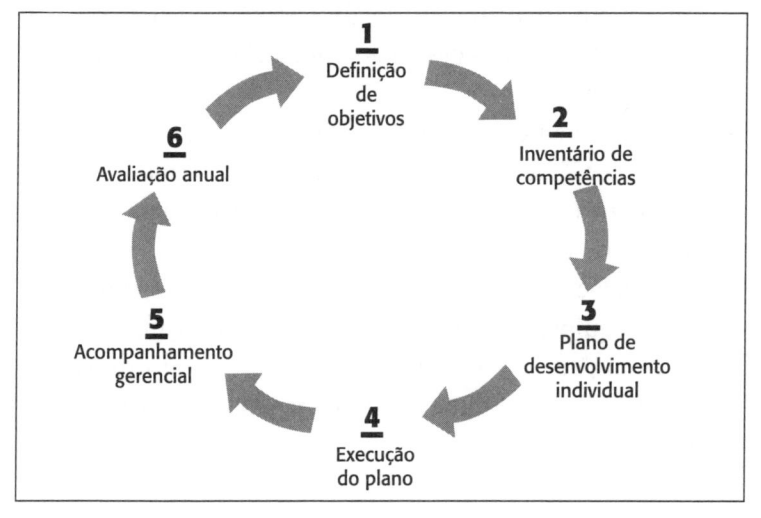

(1) A primeira etapa do ciclo é o momento de definição dos objetivos individuais, quando o GP deverá discutir com cada membro da equipe o que é esperado dele, estabelecendo com clareza as metas e os critérios que serão utilizados para medir resultados, assim como o que lhe caberá pelo sucesso ou pelo insucesso.

(2) O passo seguinte é a verificação das competências necessárias para a realização das tarefas e a comparação do nível de proficiência que essa pessoa apresenta em relação ao nível requerido para que o desempenho das tarefas se dê com excelência. O resultado desse levantamento irá indicar as lacunas de competências que precisarão ser sanadas por um plano de desenvolvimento.

(3) O terceiro item é a criação do plano de desenvolvimento individual (PDI). Esse pode ser um documento padronizado pela empresa ou pelo GP para uso no projeto e deverá contemplar as iniciativas de desenvolvimento de curto e médio prazos, para que o profissional fique apto a desempenhar suas atividades no projeto em questão e se prepare para estar apto a atuar em projetos futuros. Quando alguma ação de desenvolvimento for imposta como necessidade de um projeto atual convém ao GP observar que é possível e recomendável que as despesas sejam incluídas no orçamento do projeto.

(4) Desse momento em diante, o PDI deve ser executado, e caberá ao GP acompanhar, durante todo o período, as atividades previstas – dando *feedback* permanente para correção de rumos, se houver necessidade.

(5) O GP deve acompanhar o desenvolvimento dos membros da sua equipe, estimulando-os e promovendo um ambiente propício para que o plano de desenvolvimento se realize. Esta atitude de desenvolvedor de pessoas é típica do líder tipo *coach*.

(6) A última etapa do ciclo é a avaliação formal, que acontece ao final de cada projeto ou de um período anual. O GP poderá participar direta ou indiretamente da avaliação formal, dependendo de ele ser ou não o gerente imediato da pessoa. Nesse último caso, ele irá passar ao gerente imediato todas as informações sobre o desempenho do membro da equipe durante o projeto, para que sejam incluídas em sua avaliação de desempenho. É recomendável que tópicos de desenvolvimento sejam incluídos no PDI como medidas de avaliação, para demonstrar a importância do desenvolvimento dos profissionais para o negócio da organização.

O plano de desenvolvimento individual (PDI)

A proposta de PDI normalmente é elaborada pelo próprio profissional, que a levará para discussão com o GP. O papel do GP é analisar e propor ajustes sobre o que foi colocado ali. No PDI, o primeiro objetivo a ser alcançado é o desenvolvimento para o projeto específico e, complementarmente, a preparação para futuras designações.

Deverá ser feita uma reunião do GP com cada membro da equipe para a determinação de metas e, nessa mesma ocasião, poderá ser realizada a validação do mapeamento das competências daquele profissional. Uma vez obtida essa informação, poderão ser identificadas as lacunas de competências que representam potencial impedimento ou qualidade inferior no cumprimento de algum dos objetivos do projeto.

O PDI é a formalização do que o GP e o membro da equipe concluíram como compromisso mútuo para o desenvolvimento. Por esse motivo tem aspecto de contrato e deve ter a assinatura de ambos – o GP e o membro da equipe. O primeiro tem a obrigação de prover as condições que assumiu em nome da empresa; o segundo tem a obrigação de aplicar seu esforço para a aprendizagem, que muitas vezes é feita em seu horário particular. O PDI, em última análise, deve mostrar um plano de ação para o período, com os objetivos de desenvolvimento, que devem ser identificados para cada pessoa. Nem sempre o GP é o gerente imediato do colaborador. Se este for o caso, o GP deverá interagir com o gerente funcional para elaborar o plano e garantir que seja cumprido. Mais uma vez, o desenvolvimento das competências que estão apontadas no PDI deve ser verificado na avaliação de desempenho para demonstrar que o esforço de desenvolvimento de pessoas atende a um interesse estratégico numa organização que aprende.

O vínculo do PDI com a gestão de desempenho

Ao final do ciclo de desenvolvimento, é feita a avaliação anual de desempenho, que verifica não só *o que* foi realizado – que corresponde às metas e objetivos da função –, mas também *como* foi realizado – que corresponde às competências exigidas para a excelência desse desempenho – e, finalmente, se o compromisso de desenvolvimento do PDI foi cumprido. Para mostrar como as competências influenciam no desempenho usaremos um exemplo. Pensemos em um vendedor que vendeu todas as unidades previstas em suas metas, mas prometeu um prazo de entrega que provocou um prejuízo para a organização. Cumpriu a meta quantitativa dos objetivos (*o que*), mas não a qualitativa das competências (*como*).

Para elaborar um PDI, cada membro da equipe precisa do apoio de uma infraestrutura, que é oferecida atualmente pelas chamadas universidades corporativas (UCs). Mesmo que em muitas organizações a denominação UC não seja utilizada, ou que não sejam oferecidos todos os recursos de uma UC, esse é o caminho.

Universidade corporativa (UC)

Na UC, os profissionais e o GP podem encontrar os instrumentos de apoio para autogestão de carreira e de desenvolvimento, a saber: sistema para atualização de competências, indicações de atividades de treinamento e desenvolvimento por competência, roteiros para diagnóstico e construção de roteiros ou PDIs, comunidades virtuais para troca de informações sobre experiências e outros instrumentos de aprendizagem. Como as empresas estão em estágios diferentes de implantação das funções de suas UCs, algumas das funções são encontradas em certas organizações e não o são em outras.

Propósito

As UCs são imprescindíveis nas organizações em que o relacionamento entre a empresa e os colaboradores já atingiu a maturidade, em que o conceito de empregabilidade está difundido na cultura da organização e o desenvolvimento do funcionário é considerado uma responsabilidade compartilhada entre a organização e o indivíduo. Nesse caso, o GP passa a ter parceria com a equipe na obtenção de competências específicas em um cenário de constantes mudanças.

Diferenças entre a universidade corporativa e o treinamento e desenvolvimento

As UCs têm diferenças conceituais em relação às áreas tradicionais de treinamento e desenvolvimento (T&D), geralmente subordinadas ao setor de RH das organizações. Normalmente, as áreas de T&D trabalham para atender a demandas de programas de treinamento específicos para determinados setores ou funções. Em lugar dessas iniciativas pontuais, as UCs visam oferecer infraestrutura para uma educação continuada de todas as pessoas da rede de valor, em que estão incluídos os funcionários, parceiros, fornecedores e clientes.

Rede de valor é um modelo de negócios que utiliza os conceitos da cadeia de suprimento digital para obter a maior satisfação do cliente e a lucratividade da empresa. Não se trata apenas de fornecimento, mas da criação de valor para os clientes, para a empresa e para os fornecedores. É uma rede de parcerias dinâmicas e de alto desempenho entre clientes/fornecedores e fluxos de informações.

Outra diferença importante é que as UCs têm como base de trabalho o mapa de competências dos profissionais. Com isso, cada um pode preparar seu plano de desenvolvimento com o referencial das necessidades do negócio.

Alternativas de desenvolvimento: tradicionais e novas abordagens

Depois de identificadas as lacunas de competência é hora de avaliá-las à luz de critérios que irão indicar a melhor solução a ser aplicada. Os principais critérios são: a urgência para obtenção da competência, o quanto será permanente a necessidade dessa competência e o quanto se dispõe de recursos financeiros. Como consequência da análise desses itens, as soluções costumam ter características como: quanto maior a urgência, mais cara costuma ser a solução, que pode ser a contratação de um especialista bem-remunerado; se a competência é necessária por um curto período, a solução pode ser a contratação de serviços temporários, porém, se não há urgência na aplicação da competência, a alternativa de treinamento interno, ou até mesmo do desenvolvimento da competência por rodízio de cargos, pode ser avaliada. A seguir, serão descritas algumas alternativas de soluções com suas principais características:

❏ *treinamento tradicional presencial* – são cursos oferecidos pelas organizações, normalmente dentro da própria empresa, sem custo para os funcionários. Podem ser ministrados por instrutores externos contratados pela empresa ou por instrutores internos, colaboradores da área de educação ou multiplicadores eventuais de conhecimento;

❏ *educação a distância* – é uma modalidade de treinamento em que não há encontro presencial frequente entre aluno e professor. As tarefas de aprendizagem podem ser realizadas por meio eletrônico (computador), papel (curso por correspondência) ou televisão (telecurso). Os meios eletrônicos têm merecido atenção como alternativa de educação nas UCs e têm sido objeto de estudo no que se refere à sua aplicabilidade, receptividade e efetividade;

❏ *comunidades de prática* – são grupos de pessoas que se reúnem em torno de um tema de interesse comum para compartilhar conhecimentos. Por meio de perguntas, conversas, histórias, compartilhamento de formas de fazer coisas, debate, negociação de significado elas complementam informações e desenvolvem uma compreensão compartilhada. Ao longo da convivência, o grupo cria novos conhecimentos. Esses grupos podem realizar encontros presenciais, mas basicamente sua convivência depende de uma infraestrutura de sistema de informação capaz de minimizar a questão da distância entre seus membros. Nesse caso, têm sido chamadas de comunidades virtuais;

❏ *rodízio de cargos ou designações nacionais e internacionais* – algumas organizações têm programas que incentivam o deslocamento de pessoas entre áreas e, em alguns casos, entre países diferentes. O objetivo é provocar fluxo e compartilhamento de conhecimento entre diferentes departamentos e culturas, além do desenvolvimento de competências especiais no colaborador designado;

- *programa sombra* (*shadow*) – trata-se de um período estipulado, que pode ser de uma semana a meses, em que um aprendiz segue um executivo como uma sombra, sem ter nenhuma responsabilidade operacional. Sua única tarefa é observar atentamente o dia a dia do executivo, para buscar desenvolver o que não pode ser aprendido em nenhum treinamento. É um instrumento que pretende transmitir conhecimentos tácitos de liderança;
- *treinamento na função* (*on-the-job training*): é uma forma corriqueira de desenvolvimento em que há aprendizagem a partir da própria prática das tarefas. Esse desenvolvimento muitas vezes não é percebido ou valorizado, cabendo ao GP demonstrar ao colaborador a intenção de desenvolvê-lo, principalmente quando for delegada uma tarefa que represente um desafio;
- *programa de mentorização*: o mentor é sempre alguém com bastante experiência, que irá orientar alguém que deseja aprender determinado assunto. Preferencialmente é definido um período de duração que fica contratado entre ambos. Durante esse período, devem ocorrer reuniões periódicas para o mentor rever e recomendar tarefas que o orientando irá realizar. Ao fim do período, é feita uma reunião para verificação do que foi alcançado em relação ao objetivo do programa de mentorização e, consequentemente, ocorre a conclusão do contrato.
- *coaching* – é a atitude do líder que privilegia o desenvolvimento dos seus funcionários. Existem técnicas de *coaching* (Whitmore, 1992) que visam estimular o desenvolvimento do potencial das pessoas. O *coach*, diferentemente do mentor, não ensina o que sabe, pois isso só levaria a pessoa até o limite de saber do seu mentor. O *coach* conduz – "condutor" é o significado da palavra em inglês – para que o *coachee*

descubra seu potencial sem limitar-se ao saber do próprio *coach*. O exemplo mais comum é dos atletas que ultrapassam seus treinadores, alcançando patamares inexplorados.

Um *coach* deve dar apoio ao desenvolvimento do indivíduo e trabalhar sua autoconfiança. No dia a dia, o GP irá representar alternadamente os papéis de gerente, *coach* e mentor de seus liderados.

A escolha das soluções de desenvolvimento mais adequadas dependerá de fatores como prazo e orçamento. Em princípio, soluções mais urgentes são mais caras; por isso, quanto mais tempo disponível, menos dinheiro será necessário investir e vice-versa. Hoje, porém, o paradoxo enfrentado é de prazos cada vez mais curtos ao mesmo tempo que os orçamentos ficam cada vez mais restritos.

Como os profissionais com os quais lidamos nas equipes de projetos têm necessidade de manter sua empregabilidade, as organizações têm de oferecer instrumentos para os indivíduos gerirem suas carreiras e o autodesenvolvimento. Isso obriga os GPs a se adaptarem a novas condições de relacionamento, uma vez que os liderados estão conscientes de seu valor profissional no mercado de trabalho. O desenvolvimento de pessoas passa a ser mais do que o atendimento de necessidades de curto prazo, mas uma forma de manter a organização e as pessoas prontas para novos desafios de médio prazo.

Neste capítulo, vimos que as equipes têm consciência da necessidade de manter sua empregabilidade. Trouxemos os conceitos de conhecimentos explícitos e tácitos, além de demonstrar sua transformação por meio da espiral do conhecimento. Vimos, também, o conceito de organização que aprende e suas cinco disciplinas. Por sua vez, o conceito de competências organizacionais e individuais foi abordado para dar embasamento ao processo chamado de ciclo de desenvolvimento da equipe, que vincula o plano de desenvolvimento do indivíduo (PDI) à gestão de desempenho. Finalmente, foi descrita a universidade corporativa (UC) como provedora de soluções de desenvolvimento para as pessoas. Em seguida, veremos como as pessoas do projeto serão gerenciadas.

6

Gerenciamento de pessoas

Gerenciar uma equipe de projeto é pôr em prática aquilo que foi definido no plano de recursos humanos. Porém o gestor de projetos (GP) deve saber que os processos tradicionais de gerenciamento de pessoas nas empresas estão migrando para novos modelos – que passam a exigir uma visão de gerenciamento de pessoas por competências.

Para ajudar nessa tarefa, serão vistos exemplos de processo de seleção, designação de pessoas, remuneração estratégica e *feedback* para garantir alta qualidade do desempenho por competências. A liderança situacional, os estilos de liderança mais usados e como os gerentes devem fazer a delegação de tarefas são temas abordados como complemento. Será demonstrada a consequência do estilo do líder no clima organizacional e os diferentes tipos de relacionamento durante o projeto. Por fim, mostraremos os indicadores que o GP pode utilizar para medir sua eficácia no gerenciamento de pessoas.

Inclusão do conceito de competências para a gestão estratégica de pessoas

Vários autores indicam a introdução do conceito de competências, nos anos 1980, como uma resposta à crise dos modelos organizacionais anteriores, baseados nos conceitos taylorista e fordista. Taylor, que construiu por décadas a gestão científica com sua obcecada devoção à precisão, e Ford, com sua bem--sucedida visão de massificação da indústria, deixaram como herança as estruturas de cargos, suas descrições e sistemas de organização do trabalho, que funcionavam suficientemente bem na sociedade industrial. As contínuas mudanças organizacionais, porém, tornam rapidamente obsoletos processos operacionais que antes duravam décadas. Como consequência, os processos tradicionais de gestão de pessoas, baseados na descrição e estrutura de cargos, demonstraram não ter flexibilidade para acompanhar as alterações que passaram a fazer parte do cenário organizacional. A solução foi migrar os processos de gestão de pessoas para uma base de competências definidas para as diversas funções.

Gerenciamento de pessoas por competências

O setor de recursos humanos assumiu importância estratégica e começou a desempenhar o papel de catalisador e facilitador do processo de aprendizagem e mudança organizacional.

A necessidade de alinhar as estratégias empresariais com as políticas de gerenciamento de pessoas levou à utilização do conceito de competências nas empresas mais competitivas. Assim, surgiram projetos de gestão de competências para servir de base aos novos processos de remuneração por competências, seleção por competências, recrutamento interno por competências, plano de sucessão por competências, desenvolvimento das lideranças por competências e avaliação de desempenho por competências, além do treinamento e desenvolvimento. Assim, pode-se dizer que hoje existem a gestão *de* competências e a gestão *por* competências. A primeira se propõe a elevar o nível de capacitação dos colaboradores; a segunda envolve processos de gerenciamento baseados no mapeamento de competências para tornar esse gerenciamento mais ligado à estratégia da empresa e seus projetos. A diferença entre gestão *de* competências e gestão *por* competências está muito além de uma simples troca de preposições. Gestão *de* competências é o processo que tem como objetivo adequar às competências certas, no lugar certo, na hora certa, o custo justo para a organização. Esse processo é baseado no mapeamento, desenvolvimento e alocação das competências necessárias ao negócio.

Gestão *por* competências é a adoção do mapa de competências como base para o gerenciamento de pessoas de uma organização. Na prática, isso significa que todos os processos operacionais de gerenciamento de pessoas passam por uma reestruturação para contemplar as competências como diferenciais que determinam desde a seleção das pessoas até a sua remuneração. Os novos processos com o conceito de competências, que os GPs irão aplicar no cotidiano, estão descritos a seguir.

Seleção por competências

O GP pode precisar substituir algum membro da equipe ao longo do projeto. Nesse caso, o banco de dados de competências irá identificar as pessoas que podem ser alocadas no projeto, conforme o seu perfil de competências.

O recrutamento deve ser iniciado pela análise das competências que serão necessárias para as tarefas que a posição exige. Em seguida, por meio de uma entrevista estruturada, verifica-se a existência das competências do candidato. Para isso, é utilizada uma técnica de entrevista por competências, baseada na elaboração prévia de perguntas com o objetivo de obter relatos de experiências que indicarão a existência ou ausência das competências que estão sendo pesquisadas no profissional que está sendo selecionado. Os tipos de questões preparadas para essas entrevistas podem ser:

❏ para identificar a capacidade de iniciativa do candidato, poderemos pedir: "Relate uma mudança que você planejou implementar, mas para a qual não obteve apoio da chefia";
❏ para saber se o candidato é capaz de solucionar problemas: "Fale sobre uma situação imprevista que você teve de administrar".

Designação de pessoas

A designação de pessoas baseada em competências visa evitar a imobilidade decretada normalmente pelas estruturas hierárquicas tradicionais, adequadas quando o negócio é razoavelmente estável. Porém, em um modelo que exige alocação dinâmica de pessoas, como em equipes de projeto, a descrição de cargos não atende à necessidade do GP.

A estabilidade das pessoas vinculadas às suas posições – em departamentos ou cargos – pode representar um impedimento à designação de profissionais com as competências mais adequadas para determinado projeto, independentemente das fronteiras departamentais. A alternativa que as empresas de serviços utilizam é colocar seus profissionais técnicos em um grupo maior (*pool*) cuja alocação se dá em função dos projetos.

O GP atuará como gerente do funcionário durante a realização do projeto. Ao final de um ano, os gerentes dos projetos em que aquele funcionário trabalhou passarão os quesitos para sua avaliação pelo seu gerente funcional.

Se houver necessidade de remanejamento de pessoas durante a execução do projeto, por exemplo, no caso de um perfil ou desempenho inadequado de um profissional, o plano do projeto poderá ser afetado em vários aspectos, incluindo prazo e orçamento. Quanto mais cedo a mudança for providenciada, menor será o dano na dilatação de prazo e orçamento. Porém, antes de substituir uma pessoa, ações corretivas devem ser tentadas, como mudança de tarefa, treinamento adicional e ações disciplinares.

O moral da equipe é melhor quando ela percebe que há um planejamento para continuidade em projetos futuros.

É necessário pensar em retenção para pessoas cuja designação foi acertada. Nesse caso, a primeira questão a ser tratada é a remuneração estratégica.

Remuneração estratégica

Remuneração estratégica é o conceito que identifica as maneiras diferenciadas de remunerar um funcionário visando retê-lo em determinada organização ou projeto. A remuneração estratégica é usada para ampliar o vínculo dos funcionários com a empresa. Porém ela deve considerar o contexto em que a organização está inserida bem como cenários futuros, com a preocupação de que certos elementos da remuneração permaneçam além do projeto em vigor.

Existem diferentes tipos de remuneração, conforme Wood Jr. e Picarelli Filho (2004): remuneração funcional, salário indireto, remuneração por habilidades, remuneração por competências, remuneração variável e participação acionária. Vejamos cada um deles:

❏ *remuneração funcional* – é implantada em conjunto com o plano de cargos e salários (PCS) e visa promover o equilíbrio interno e externo. O PCS é composto de descrição de cargos, avaliação de cargos, faixas salariais, política para administração dos salários e pesquisa salarial. Uma prática cada vez mais aplicada é promover alterações nas descrições de cargos com ampliação das faixas salariais, além da adoção de uma política para administração de salários focada nos negócios e interesses da empresa e da equipe;

❑ *salário indireto* – são os conhecidos benefícios oferecidos pelas empresas aos empregados. Os mais praticados são: automóvel, empréstimo financeiro, assistência médica, previdência privada, estacionamento, auxílio-doença, auxílio-farmácia, assistência odontológica, auxílio-funeral, aluguel de casa, clube recreativo, transporte, alimentação, creche, cursos em geral e outros. Os benefícios costumam ser oferecidos aos empregados de maneira uniforme, porém muitas vezes os benefícios oferecidos pela empresa não agradam igualmente a todos os empregados. Uma das alternativas para esse problema é a flexibilização dos planos de benefícios, dando aos empregados opção de escolha dos benefícios que irão atender melhor a eles e às suas famílias;

❑ *remuneração por habilidades* – nesse caso a remuneração é focada na pessoa e não na função. Remuneram-se conhecimento e/ou habilidades certificadas. Os empregados necessitam demonstrar domínio dos conhecimentos exigidos para desempenho das funções inerentes ao cargo. Os aumentos salariais estão vinculados a um processo de certificação. O tempo de permanência no cargo não representa um fator relevante para o aumento salarial;

❑ *remuneração por competências* – esse sistema é mais aplicável aos níveis gerenciais, e sua implementação exige mudanças no modelo de gestão e no estilo gerencial ao mesmo tempo que funciona como catalisador dessas mudanças. Pode ser paga em forma de salário-base ou bônus anual. Passou a ser interessante em função de diversos fatores, como: crescimento do setor de serviços, aumento da demanda de profissionais qualificados, necessidade de conhecimento intensivo nas empresas, implantação de sistemas mais flexíveis, redução de estruturas hierárquicas rígidas, popularidade do conceito de competência;

❑ *remuneração variável* – é o conjunto de diferentes formas de recompensa oferecidas aos empregados, complementando a remuneração fixa. Seus objetivos são: criação de vínculos entre o desempenho e a recompensa, compartilhamento dos resultados da empresa e transformação do custo fixo em variável;

❑ *participação acionária* – é um dos sistemas de remuneração mais complexos e sofisticados do conjunto da remuneração estratégica. Os empregados passam a sentir-se proprietários da empresa, focando uma relação de longo prazo, e passam a ter um senso de identidade, comprometimento e orientação para resultados. É necessário um projeto bem-elaborado para a implantação, já que a participação acionária pode apresentar desvantagens para a empresa quando mal-implantada. Quando bem-projetada, pode gerar bons resultados a médio e longo prazos para a organização e para os funcionários.

A remuneração estratégica, pela sua natureza variável, funciona como uma espécie de *feedback*, pois indica ao funcionário como ele está sendo percebido pela organização. Mas no dia a dia, o GP deve ter o cuidado de dar *feedbacks* constantes à sua equipe.

Feedback de desempenho

Durante toda a execução do projeto, o GP deve dar *feedback* sobre o desempenho dos membros da equipe, para que cada um saiba como o seu trabalho está sendo percebido. Assim, os comportamentos adequados podem ser mantidos e reforçados; os problemas, resolvidos, e o plano de desenvolvimento, discutido e atualizado.

Ao final, são feitas avaliações de desempenho, que podem ser formais ou informais, dependendo do tamanho do projeto e da política da organização. Ainda dependendo da política organizacional, existe a modalidade de avaliação 360°, que apura a opinião de todos os que interagem com a pessoa que está sendo avaliada: seu superior, seus pares, subordinados, clientes e fornecedores. Em nossa opinião, a consulta ao cliente de um projeto deve ser cautelosa, pois o cliente pode avaliar com base no interesse em obter atenção integral do profissional, extrapolando o escopo contratado. Nesse caso, caberá ao funcionário balancear os interesses de sua organização e os interesses do cliente, considerando que o mais alto índice de satisfação do cliente não reflete necessariamente o sucesso financeiro de um projeto. Você concorda?

Por outro lado, é importante ressaltar que o aspecto mais útil de um processo de avaliação é o *feedback*, que oferece meios de a pessoa corrigir e melhorar aspectos do seu comportamento que são percebidos somente pelos outros. Nesse sentido, o *feedback* é uma ferramenta de aprendizagem fundamental que todos deveriam aplicar regularmente (Lacombe, 2005). Esse é um dos elementos que alteram o ambiente de trabalho e permitem a aprendizagem continuada, como descrito a seguir.

Aprendizagem continuada

O desenvolvimento de pessoas deve incluir uma proposta de colaboração e compartilhamento de *insights*, além da busca de assistência mútua, que favoreça o direcionamento do conhecimento para a ação, ao mesmo tempo que constrói uma base para a expansão do espaço de ação individual, o aprimoramento e a inovação (Wick e Léon, 1996). Além disso, grande parte do conhecimento encontra-se no nível tácito, o que dificulta sua transferência. Assim, o GP deve ter em mente que a aprendizagem continuada está intimamente ligada ao trabalho, que é o espaço no qual esse processo se desenvolve. Para isso, deve lançar desafios frequentes aos profissionais, sempre dentro das possibilidades de realização de cada um. Deve estimular a cultura do *feedback* e dar a possibilidade de treinamento para a aquisição de competências específicas. O treinamento balanceado por competências altera a relação empírica da demanda de treinamentos baseada na percepção do GP, ou do próprio membro da equipe, e passa a ser fruto de uma análise técnica baseada nas lacunas de competências. As ações de desenvolvimento que são embasadas em competências têm evidenciada sua vinculação com os objetivos do projeto.

E é como desenvolvedores de pessoas que os líderes passaram a exercer grande parte de sua atividade.

Liderança participativa

Em nossos dias, a liderança deixou de ser exercida como uma autoridade distante e passou a ser uma atividade agregadora e incentivadora, para que a equipe possa oferecer seu melhor resultado. Esse líder atual passou a ter a missão de desenvolver pessoas permanentemente, oferecendo condições de treinamentos ou estimulando uma atitude de autodesenvolvimento no trabalho do dia a dia (Kotter, 2000). Essa mudança foi consequência das novas condições para gerenciar pessoas:

❏ organizações horizontalizadas, em lugar das verticais;
❏ cultura do autodesenvolvimento, em lugar do paternalismo;

- educação continuada, em lugar da capacitação específica para a tarefa;
- profissionais de múltiplas tarefas, em lugar da realização de uma única tarefa;
- liderança participativa e responsabilidade compartilhada, em lugar da liderança autoritária e de controle;
- liderança adaptada às situações, que será detalhada no item liderança situacional, a seguir.

Sempre que tentamos influenciar o comportamento de outra pessoa, envolvemo-nos em um ato de liderança. Portanto, a liderança é um processo de influência. Se o interesse está em desenvolver os profissionais e criar um ambiente de trabalho motivador, que resulte em altos níveis de produtividade e traga satisfação às pessoas no curto e no longo prazos, então precisamos pensar sobre estilos de liderança.

Embora nossa percepção sobre nosso próprio comportamento e o impacto que causa nas outras pessoas sejam importantes, isso apenas nos indica como pretendemos agir. A menos que essa percepção seja compatível com as percepções daqueles que estamos tentando influenciar, de pouco valerá.

Os estilos de liderança tendem a variar consideravelmente de uma situação para outra. Enquanto o comportamento de alguns líderes caracteriza-se principalmente pelo direcionamento das atividades de seus liderados para o desempenho de tarefas, outros se dedicam a dar apoio socioemocional e a consolidar relações pessoais entre eles e seus liderados. Em outras situações, são evidentes várias combinações de comportamentos diretivos e de apoio.

Assim, tornou-se aceito que os comportamentos diretivos e de apoio não sejam estilos de liderança mutuamente excludentes. Esses padrões de comportamento podem ser representados graficamente em dois eixos distintos e separados, como mostra a figura 9.

Figura 9
LIDERANÇA SITUACIONAL

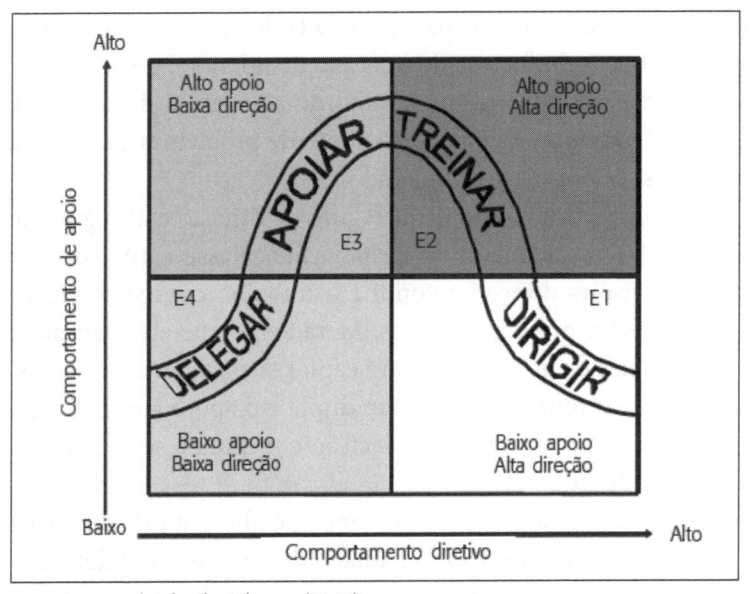

	Alto apoio Baixa direção	Alto apoio Alta direção
Comportamento de apoio	APOIAR (E3)	TREINAR (E2)
	DELEGAR (E4)	DIRIGIR (E1)
	Baixo apoio Baixa direção	Baixo apoio Alta direção

Comportamento diretivo

Fonte: Hersey, Blanchard e Johnson (2000).

O comportamento de liderança de baixo grau de direção e de baixo grau de apoio (E4) é chamado de *delegação*, isto é, o subordinado sabe bem a tarefa e tem autoconfiança. No estilo 4 (E4), o líder discute os objetivos e critérios com o subordinado até chegarem a um acordo sobre a definição do problema. A partir de então, o processo é totalmente delegado ao subordinado, a quem cabe exercer o controle sobre como as tarefas serão cumpridas, pois possui a competência e a autoconfiança para assumir a responsabilidade de dirigir o próprio trabalho. No entanto, é importante saber que delegação não é abdicação.

O comportamento de liderança de alto grau de apoio e baixo grau de direção (E3) é chamado de *apoio*. Um comportamento de apoio é definido quando um líder utiliza uma comunicação bidirecional, escuta, dá apoio, facilita a interação e faz o liderado participar do processo de decisão. O liderado conhece a tarefa, mas não tem autoconfiança. No estilo 3, o ponto focal do controle para a tomada de decisões e resolução de problemas desloca-se do líder para o liderado. Cabe ao líder reconhecer, escutar o que o subordinado tem a dizer e criar condições favoráveis para a resolução de problemas e a tomada de decisões por parte do liderado.

O comportamento de alto grau de direção e alto grau de apoio (E2) é chamado de *treinamento*. Nesse estilo, o líder fornece muita direção e conduz o trabalho com suas ideias, mas também procura ouvir os liderados, o que eles pensam a respeito das decisões, e procura captar suas ideias e sugestões. Embora a comunicação de mão dupla e o apoio aumentem, o controle sobre a tomada de decisão continua a ser responsabilidade do líder.

O comportamento de liderança de alto grau de direção e baixo grau de apoio (E1) é chamado de *direção*. Um líder apresenta um comportamento diretivo quando utiliza uma comunicação unidirecional e explica exatamente – e em detalhes – quais são as atribuições, dizendo o que fazer, onde fazer, quando fazer e como fazer. O líder define as atribuições dos liderados e lhes diz quais as tarefas que deverão cumprir e como, quando e onde elas deverão ser executadas. A resolução dos problemas e a tomada de decisão são transmitidas aos liderados: a comunicação é basicamente de mão única, e a implementação é supervisionada de perto pelo líder.

Nos quatro estilos de liderança, o gestor, que define objetivos, monitora e acompanha o desempenho, fornece *feedback*.

Não há um estilo de liderança que seja melhor; existe o adequado para cada situação. Os líderes bem-sucedidos são capazes de adaptar seu estilo para atender às exigências das questões que se apresentam. O grau de direção ou de apoio que um líder deve fornecer depende do nível de desenvolvimento que o liderado demonstra possuir em relação a um objetivo.

A competência e o empenho do liderado para determinada tarefa depende de conhecimento e habilidades, que podem ser adquiridas por meio do desenvolvimento, treinamento e experiência. O empenho é uma combinação de confiança e motivação, refere-se ao grau de autoconfiança que a pessoa tem, à sensação de ser capaz de desempenhar bem um trabalho, enquanto a motivação é demonstrada pelo interesse e entusiasmo de uma pessoa ao desempenhar uma tarefa.

Quanto maior a capacidade do líder de adaptar seu estilo de liderança às exigências da situação, melhor será a percepção dos funcionários em relação à forma como são tratados. Esse é um dos principais fatores que influenciam na satisfação dos funcionários com o ambiente de trabalho, que é medida pela pesquisa de clima organizacional.

Dimensões de clima organizacional

O clima organizacional normalmente é medido pelo setor de RH em periodicidade anual e visa avaliar a satisfação dos funcionários com o ambiente de trabalho. Para essa avaliação são utilizados questionários respondidos anonimamente pelos funcionários, posteriormente agregados em grupos, de tal forma que os relatórios não possam identificar a resposta de nenhum indivíduo.

O entendimento do clima organizacional é facilitado quando observado por aspectos isolados que são chamados de dimensões, cada uma delas considerada determinante para a satisfação e melhor desempenho do funcionário. As dimensões de clima podem ser classificadas em conjuntos que identifiquem grupos de respostas referentes a:

❑ *clareza* – o quanto o funcionário entende o significado da contribuição do trabalho que ele desempenha em relação a

um conjunto maior (ao objetivo do projeto em que está alocado, aos objetivos do departamento, da divisão, à estratégia da organização);
❑ *responsabilidade* – quanto o profissional pode assumir pela responsabilidade do seu trabalho. Está relacionada com a capacidade de delegação do líder;
❑ *reconhecimento* – como o resultado do trabalho bem-feito é reconhecido na equipe. Reconhecimentos devem ser planejados e ter critérios claros para promover e reforçar comportamentos desejados. Devem ser feitos com justiça, na medida certa e na hora certa;
❑ *trabalho em equipe* – como a equipe percebe o comprometimento dos colegas. Todos devem ter um fim comum, mesmo com tarefas diferentes, e todos devem confiar que irão atuar onde for necessário.

Mas não basta avaliar como está o clima da equipe interna. O GP tem, muitas vezes, de trabalhar com pessoas ligadas a diferentes empregadores e, muitas vezes, os instrumentos de gerenciamento não são compatíveis. O relacionamento dos funcionários de uma empresa com pessoas de origens diferentes pode ter dificuldades ocasionadas pela falta de padrões nas políticas e práticas de gerenciamento de pessoas. Como atuar nesses relacionamentos?

Relacionamentos interpessoais

Projetos podem ser realizados no âmbito de uma organização ou externamente a ela, como no caso de uma organização prestadora de serviços. Em qualquer dos casos, existe um ambiente externo à equipe do projeto, composto de elementos sobre os quais o GP poderá não ter controle. Trata-se das relações da equipe com pessoas que exercerão influência e serão influenciadas, tais como: fornecedores de recursos (tecnológicos, materiais, financeiros), equipe do cliente, equipe do prestador de serviços, concorrentes, comunidade.

A tendência de substituição do trabalho regular pelo trabalho temporário ou subcontratado foi provocada pelo acirramento da concorrência e pelo enfraquecimento dos sindicatos. Esses indivíduos podem atuar integrados à equipe do projeto em determinadas etapas para trabalhos específicos, ou, em alguns casos, podem participar do projeto do início ao fim, sem diferença nas tarefas que desempenham em relação ao pessoal contratado. A frequência com que a equipe interna interage com essas pessoas de outras equipes e a maneira como se compara com elas devem ser alvo de observação do GP. A comparação pode ser feita em todos os componentes de gestão de pessoas, desde remuneração e reconhecimentos até flexibilidade no horário de trabalho.

Para minimizar fatores de insatisfação por parte da equipe, é importante entender as circunstâncias ligadas a esses componentes e tratar claramente com a equipe o que pode e o que não pode ser negociado.

Quanto aos terceiros, de preferência, o GP deve ter condição de participar da seleção, definição dos programas de treinamento e de reconhecimento. Isso buscará trazer um padrão de qualidade e uma convivência mais harmoniosa entre as equipes.

Por outro lado, a integração entre equipes de departamentos diferentes, e de fornecedores com clientes é papel do GP, como facilitador e potencial gestor de conflitos. Para o adequado desempenho desse papel, é recomendado que seja utilizado o plano para gerenciamento de comunicação do projeto.

O GP não deve esquecer, também, que a interação informal entre as pessoas da equipe e com outras partes interessadas, que representem um *networking*, irá afetar a eficácia do próprio projeto. Encontros fora do ambiente de trabalho ajudam a entender as questões interpessoais e políticas e são especialmente úteis no início de um projeto, ou em momentos de crise de relacionamento. Ainda no início do projeto, a equipe deve definir as regras básicas sobre o comportamento aceitável de seus membros, estabelecendo expectativas claras e diminuindo mal-entendidos. Essa definição deve ser participativa, para que a própria equipe descubra seus valores e compartilhe a responsabilidade de impor as regras estabelecidas.

Todo o esforço que o GP faz para integrar e proporcionar uma convivência produtiva à equipe precisa de verificação para saber se está surtindo efeito. O uso de indicadores e seu acompanhamento podem avaliar o sucesso do gerenciamento de pessoas em um projeto.

Indicadores de gerenciamento de pessoas

Para acompanhar o seu próprio desempenho na gestão de pessoas, o GP pode utilizar indicadores típicos para a área de RH (Assis, 2005) que estão na lista a seguir. Um indicador não tem significado isoladamente, mas, ao ser observado comparativamente ao longo de um período, vai apontando tendências que mostram o resultado das ações do gestor. Para cada indicador, poderá também haver uma meta a ser comparada com um *benchmark* (referencial de mercado). Vejamos os indicadores típicos que mencionamos:

- ❏ índice de absenteísmo (IAbs) – indica quanto a equipe está se ausentando do trabalho.

    IAbs = (número de afastamentos no período × 100) / quantidade média de funcionários no período;
- ❏ índice de treinamento (ITrein) – indica quanto está sendo investido em treinamento para a equipe.

    ITrein = quantidade de homens-horas trabalhando por ano / quantidade de homens-horas em treinamento no ano;

❑ índice de *turnover* (ITurn) – indica a rotatividade dos profissionais da equipe.
ITurn = {[(funcionários admitidos + demitidos) / 2] / média de funcionários no período} × 100.

O índice de satisfação do cliente e o dos funcionários são outros indicadores importantes. A pesquisa de satisfação do cliente é feita por questionário, normalmente ao final do projeto, e a pesquisa de satisfação do funcionário é feita por questionário confidencial e anônimo, para medir o clima na equipe. O GP deve refletir sobre o tipo de indicador que mais utiliza: o que mede esforço ou aquele que mede resultados. Por exemplo: o número de pessoas treinadas e a quantidade de grupos de discussão são uma medição de esforço, mas esse esforço deve refletir-se em algum objetivo a ser alcançado, que poderia ser a redução de reclamações ou a eliminação de erros, e esses poderiam ser indicadores de resultados. Muitas vezes, essa relação de causa e efeito entre esforço e resultado é difícil de ser definida, mas, ainda assim, vale manter esse questionamento.

Nesse sentido, é necessário entender que certos indicadores têm uma natureza mais qualitativa, apesar da preferência que os gestores têm pelos indicadores quantitativos. Não devemos evitar a avaliação por ela ter um caráter subjetivo, pois algumas vezes essa é a única maneira, ou até mesmo a melhor maneira, de apurar resultados.

Neste capítulo, foram vistos assuntos fundamentais para o dia a dia do gerenciamento da equipe, como: seleção de pessoas por competências, designação de pessoas, remuneração estratégica e *feedback* para garantir alta qualidade no desempenho. No próximo capítulo, veremos como os conflitos surgem no dia a dia de um projeto e como o GP pode atuar para gerenciá-los.

7

Gerenciamento de conflitos

O gerenciamento de conflitos é um dos desafios mais importantes na vida de um GP no gerenciamento de pessoas em projetos.

Neste capítulo, após um pequeno histórico, veremos os níveis e técnicas para lidar com os conflitos, além de sua relação com o estresse, de forma a permitir que a equipe continue a obter a máxima produtividade em suas atividades no projeto.

Conflito é o afloramento da discordância entre indivíduos (Dinsmore, 1990). Segundo Adams e Kirchof (1982), pode variar de um leve atrito até uma confrontação emocional. De acordo com Verma (1996), conflitos são inevitáveis em um ambiente de projeto. Quando os membros da equipe interagem, há sempre um potencial de conflito. De fato, é quase impossível para pessoas com diversos níveis de preparo e educação trabalhar juntas, tomar decisões e tentar atingir seus objetivos sem conflito. No entanto, a pressão exercida pelo mercado exige uma equipe cada vez mais ativa.

Cabe aos gerentes de projeto identificar, analisar e avaliar os valores positivos e negativos do conflito e seus efeitos sobre o desempenho do empreendimento, bem como aprender como e quando utilizar o conflito para melhorar a atuação dos membros da equipe. Embora seja inevitável em um ambiente de projeto, o conflito não precisa ter consequências destrutivas. Atitude e estilo gerenciais assumem um papel importante para atingir resultados mutuamente benéficos para as partes envolvidas. Conflitos de interesse entre participantes do projeto geralmente são resolvidos por meio de negociação. Relacionamento é um comportamento cujo aprendizado exige disciplina para entender e respeitar a opinião dos outros. As fontes de conflito em gerenciamento de projetos variam de acordo com o ciclo de vida do empreendimento. Para que se tenha um gerenciamento eficaz dos conflitos, os GPs devem ser capazes de identificar corretamente e analisar as fontes de conflito e seus relacionamentos. Um relacionamento cooperativo em uma equipe de projeto existe quando os objetivos são mútuos e compatíveis para todos.

Visão dos conflitos

Segundo Verma (1996), há três diferentes pontos de vista acerca dos conflitos que podem ocorrer entre pessoas ou entre grupos: tradicional, contemporâneo e interacionista.

A visão tradicional

O enfoque tradicional assume que o conflito é ruim e tem sempre um impacto negativo nos projetos e nas organizações. De acordo com essa visão, o desempenho diminui quando o nível de conflito aumenta e, portanto, isso deve ser evitado. Conflito, nesse caso, é associado a violência, destruição e irracionalidade – um ponto de vista que dominou a literatura sobre o assunto do final do século XIX até meados dos anos 1940. Assim, a reação mais comum dos gerentes nessa época era suprimir os conflitos, usando sua autoridade. Dessa forma, o conflito era ignorado e os potenciais aspectos positivos não podiam emergir.

A visão contemporânea

Péricles, filósofo grego do século V a.c., afirmava que, em vez de pensar em conflito e discussão como uma parede que bloqueia ou paralisa as pessoas, deve-se refletir que é uma ação preliminar e indispensável para qualquer sábia tomada de decisão.

A visão contemporânea ou comportamental considera que os conflitos são naturais e inevitáveis em todas as organizações, e podem ter um aspecto negativo ou positivo. Tal enfoque advoga a aceitação do conflito e racionaliza sua existência. Desde que os projetos possam obter benefícios do conflito, os GPs devem gerenciá-los em lugar de simplesmente eliminá-los. Esse ponto de vista prevaleceu no período do final dos anos 1940 até meados dos anos 1970.

A visão interacionista

Para Verma (1996), a visão interacionista é a atual perspectiva teórica sobre conflitos e assume que eles são necessários para melhorar o desempenho da equipe. Enquanto a visão contemporânea aceita o conflito, a interacionista encoraja o conflito porque considera que a harmonia, a paz, a tranquilidade, a cooperação mútua em um projeto podem torná-lo estático, apático, estagnado e não responsivo aos desafios de mudança e inovação. Tal enfoque induz os gerentes a aceitarem um nível mínimo de conflito, suficiente para manter o ambiente com autocrítica, viável, criativo e inovador.

A figura 10 mostra a comparação entre as visões tradicional e interacionista, uma vez que a visão contemporânea geralmente depende do tipo do conflito, não tendo, portanto, uma curva que possa servir de referência.

Figura 10
COMPARAÇÃO ENTRE VISÃO TRADICIONAL E VISÃO
INTERACIONISTA DE CONFLITO

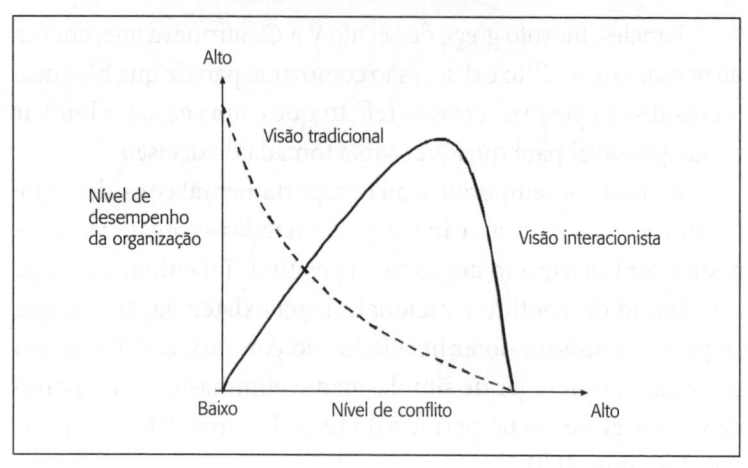

[Gráfico: eixo vertical "Nível de desempenho da organização" (Baixo a Alto), eixo horizontal "Nível de conflito" (Baixo a Alto). Curva tracejada decrescente representa a Visão tradicional; curva contínua em forma de sino representa a Visão interacionista.]

Fonte: Adaptado de Verma (1996).

O que o leitor acha dessa visão? Concorda com ela e adotaria esse procedimento como uma das práticas de seu gerenciamento? Verificaremos agora os níveis de conflito e as formas recomendadas de solucioná-los.

Níveis de conflito

Existem quatro níveis de conflito: intrapessoal, interpessoal, intragrupal e intergrupal.

Conflito intrapessoal

Ocorre em dois casos: indivíduos que não estão satisfeitos em relação ao papel que exercem na empresa e estão executando tarefas que não atendem às suas expectativas ou indivíduos insatisfeitos com sua vida pessoal ou familiar. Esse nível de conflito pode não afetar o projeto, assim como não afetar a equipe negativamente, mas, certamente, reduz a motivação e a produtividade dessa pessoa.

Cabe ao GP ter sensibilidade e habilidade para resolver também conflitos intrapessoais. Ele deve ser capaz de aceitar que as vidas pessoal e profissional se misturem por algum tempo, por menos que se deseje, e que existe a necessidade de estabelecer um espaço para a recuperação de nosso estado emocional.

Conflito interpessoal

Pode ocorrer entre determinados membros da equipe do projeto ou entre uma pessoa e o restante da equipe. Geralmente é causado por diferenças na personalidade, habilidade de comunicação, estilos, egos ou ambições pessoais. Esse conflito tanto pode ser negativo quanto positivo, uma vez que um acordo pode ser alcançado mediante um novo paradigma que não havia sido pensado antes pelo grupo e contribuir para o desenvolvimento da equipe. Nas relações interpessoais, dois ingredientes são essenciais: autocontrole e autoestima.

Conflito intragrupal

Refere-se ao conflito entre um indivíduo e um grupo de pessoas, em nosso caso sua equipe de projeto, quando existe um espírito de união do grupo. Há várias formas e uma delas ocorre quando uma pessoa quer trabalhar contra as normas que a equipe estabeleceu. Nesse caso, se o indivíduo atrapalha a equipe, a melhor decisão é afastá-lo do projeto.

Cabe ao GP ter o discernimento e a habilidade para resolver esse nível de conflito sem prejudicar a produtividade da equipe nem perder o foco quanto ao prazo, custo, qualidade e, principalmente, quanto à satisfação do cliente.

Conflito intergrupal

Ocorre entre grupos de pessoas dentro da equipe ou fora do projeto. É provocado normalmente quando um grupo é contra as normas ditadas pelo outro grupo e acontece geralmente por discordâncias interpessoais entre os líderes ou influenciadores desses grupos. Na maioria das vezes, ocorre entre equipes funcionais e equipes de projetos, quando estes são multidisciplinares. Nesse caso, a mediação de um gerente hierarquicamente superior em geral resolve a questão, estabelecendo normas e tomando decisão em favor da empresa e da satisfação do cliente.

A seguir, examinaremos os conflitos resultantes do trabalho em equipe composta de pessoas de diferentes culturas, educação, religião, etnia, entre outros aspectos.

Conflitos no ambiente de projeto

Devido a competições entre os objetivos departamentais e pessoais e as necessidades de recursos, concluímos que o potencial de conflito é muito grande. Muitos GPs são contratados com base em seu conhecimento técnico, esquecendo-se que um GP é muito mais gerencial do que técnico e, portanto, as habilidades interpessoais assumem um papel da mais alta relevância em um projeto.

Filley (1975) identificou oito condições que podem conduzir uma equipe de projeto a conflitos:

❑ papéis ambíguos, em que os limites, autoridade e responsabilidades não estão claros;
❑ objetivos incompatíveis entre membros da equipe do projeto;
❑ problemas de comunicação, criando mal-entendidos;

- dependência de outra pessoa para a realização de sua tarefa;
- especialização ou diferenciação, criando uma condição de conflito devido aos egos profissionais;
- necessidade de consenso para tomada de decisão;
- comportamento reativo a regras e regulamentos por parte de pessoas que não aceitam os limites impostos pelo gerente;
- conflitos anteriores inadequadamente resolvidos, que criam uma atmosfera de trabalho tensa, podendo gerar um conflito destrutivo intenso.

Fontes de conflito em um projeto podem incluir o gerente, a equipe, os clientes, outros *stakeholders* internos (fornecedores, gerentes funcionais, alto gerenciamento, pessoal administrativo) e *stakeholders* externos que não fazem parte diretamente do projeto. Para Thamhain e Wilemon (1975), confirmadas depois pelos estudos de Eschmann e Lee e de Stoycheff (citados por Verma, 1996), as 11 fontes de conflito no gerenciamento de um projeto são:

- prioridades do projeto ou incompatibilidade de objetivos;
- procedimentos administrativos;
- opiniões técnicas e balanceamento de desempenho;
- incerteza da tarefa e requisitos de informação;
- incerteza de seu papel e responsabilidade;
- diferenças em alcance da visão (holística ou não);
- personalidades de membros da equipe ou cultura e costumes diferentes;
- alocação de recursos;
- orçamento e custos;
- cronogramas;
- problemas de comunicação.

E o leitor, concorda com os autores aqui mencionados? Ou identifica outras fontes de conflito em seu ambiente de trabalho?

Conflitos causam estresse e, como são inevitáveis, tornam-se parte da vida de um projeto. Portanto, o gerenciamento do estresse tem de ser considerado um importante elemento no gerenciamento de um projeto.

Conflito e estresse

No Brasil, uma das capacitações necessárias para um GP, tal como descrito na Classificação Brasileira de Ocupação (CBO-2002) do Ministério do Trabalho e Emprego (MTE), é a administração do estresse. Este pode, em casos extremos, fazer com que pessoas particularmente sensíveis não resistam emocional ou fisicamente e tenham dores de cabeça, úlceras, pressão alta, acidente vascular cerebral (derrame cerebral) ou infarto.

Toda ocupação ou emprego contém certo grau de estresse. O GP experimenta um significativo nível de estresse devido a uma lista de demandas, datas-limite e problemas durante todo o ciclo de vida do projeto. Forçar membros da equipe à realização de grande quantidade de horas-extras ou adiar férias em benefício do projeto demonstra falta de planejamento do GP, em muitos casos. Alguns incentivam esse tipo de comportamento em prol do rendimento da equipe, beneficiando-se do senso de responsabilidade das pessoas para atingir ou superar objetivos estabelecidos.

Para um bom gerenciamento do estresse, os GPs devem compreender o que é o estresse, como e por que ele aparece e, então, saber como gerenciá-lo. De acordo com Selye (1974:137), estresse pode ser definido como "uma resposta não específica e psicológica do corpo humano a uma demanda demasiada". Hans Selye, reconhecido como o primeiro a tratar o estresse como uma doença, nasceu em Viena, em 1907. No segundo ano da escola médica (1926), começou a desenvolver sua teoria da influência do estresse na habilidade de uma pessoa para lidar com pressões e adaptar-se a elas. Mais do que qualquer um, Selye demonstrou o papel de respostas emocionais para causar ou combater o desgaste experimentado por seres humanos durante toda a vida. Ele morreu em 1982, em Montreal, onde passara 50 anos estudando as causas e as consequências do estresse. Generalizando, o estresse é uma resposta a pressões, responsabilidades e ameaças reais ou imaginárias do ambiente, e não os elementos que o causam. Estresse é a percepção da ameaça e a expectativa de um futuro desconforto que excitam, alertam ou ativam o organismo. Os fatores que o geram são chamados de estressores.

Estresse e desempenho

Geralmente supomos que o importante é reduzir o estresse para impedir a exaustão do corpo. Deve-se observar, porém, que o oposto também pode ocorrer. Se as demandas impostas ao indivíduo são muito menores do que as suas potencialidades, poderemos ter um efeito negativo, da mesma maneira.

O relacionamento entre estresse e desempenho pode ser entendido verificando-se, primeiramente, se a pessoa tem a habilidade para realizar a atividade proposta, isto é, definindo quão difícil é o trabalho e quanto esforço será requerido. Depois, precisamos observar a capacidade real do indivíduo para executar o trabalho atribuído: se sua capacidade for maior do que aquilo que lhe está sendo requerido, a frustração e a desmotivação podem acontecer; se sua capacidade igualar o que lhe está sendo pedido, certamente ele terá seu melhor desempenho; se sua capacidade estiver muito abaixo do requerido, o indivíduo poderá chegar à exaustão física e mental.

Gmelch (1993), baseando-se no fato de que o estresse é um fato normal da vida, afirma que o mais importante é aprender a usá-lo construtivamente para melhorar o desempenho. Para utilizar o estresse no sentido de manter um alto desempenho, se o indivíduo estiver fazendo uma tarefa aquém de sua capacidade, ele deve tentar técnicas novas, conhecer novas pessoas em sua área e arriscar-se, tentando aumentar sua eficácia. Com isso, estará proporcionando um aumento no estresse que o fará atingir seu melhor nível de desempenho. Se já estiver nesse nível, basta permanecer no controle do seu tempo e estabelecer objetivos, tomando consciência de seus pontos principais de estresse. Em outras palavras, o indivíduo deve trabalhar conscientemente para manter seu desempenho em nível que não permita a exaustão.

Um GP pode usar o estresse positivamente para executar seu trabalho com o máximo desempenho em períodos críticos.

O estresse potencial pode se tornar real somente sob duas condições: se existir uma incerteza quanto ao resultado e se o resultado for importante. Sabemos que o estresse pode produzir sintomas que começam com insônia, frustrações, irritabilidade, perda de confiança e de autoestima, ansiedade, angústia, pressão alta, rugas, palpitações, problemas epidérmicos e digestivos, esterilidade e impotência sexual, tudo isso levando a uma exaustão física e mental.

Os estágios de reação ao estresse

De acordo com Verma (1996), as pessoas reagem a uma situação estressante de maneiras diferentes. Em projetos, o GP costuma entrar em estresse na fase de execução do projeto. Não raro, GPs atingem o nível de exaustão se não se aperceberem dos sintomas que seus corpos vão apresentando. Quando o corpo humano encontra um estressor, ele vai para um padrão de reação denominado síndrome de adaptação geral (SIG). Esse padrão de reação apresenta três estágios, descritos a seguir.

A reação de alarme começa logo que o corpo humano percebe um estressor. Nesse estágio, as pessoas sentem uma sensação de querer lutar ou fugir. Elas querem ou confrontar o agressor ou evitá-lo. Uma reação bioquímica libera hormônios de glândulas endócrinas para auxiliar o corpo a lutar contra o estresse. Esses hormônios tentam fazer o corpo retornar à sua condição inicial ou fornecem energia para lutar contra o estressor. Durante esse estágio, o corpo humano passa por alterações fisiológicas, tais como: aumento da frequência das batidas do coração, pressão alta, necessidade de oxigênio, aumento da glicose no sangue, tensão muscular, dilatamento das pupilas e má digestão.

No *estágio da resistência*, o corpo tenta adaptar-se ou resistir ao estressor. Se for capaz de responder a ele, recupera-se do dano causado na reação de alarme. Os sintomas psicológicos do estresse desaparecem e o corpo torna-se mais resistente ao estressor, embora apresente menos resistência a doenças.

O *estágio da exaustão*, terceira e última fase da SIG, ocorre quando o estresse persiste mais tempo do que o corpo humano pode suportar. Durante a exaustão, os sintomas da reação de alarme reaparecem, mas o corpo já não consegue reagir.

Esse estágio pode ocasionar a morte prematura de GPs. A capacidade de um indivíduo manter o estágio de resistência é muito variável e depende de inúmeros fatores, incluindo personalidade e gravidade do estressor. Pesquisas de vários autores identificaram cinco áreas nas quais os efeitos do estresse são evidentes:

- subjetiva: agressão, fadiga, irritabilidade, mau humor;
- comportamental: uso de drogas, acidentes, distúrbios emocionais;
- cognitiva: indecisão, esquecimento, sensibilidade a críticas;
- psicológica (não gerenciável): pressão alta, dificuldades de respiração, problemas no coração;

❏ organizacional: alta rotatividade, aumento do número de faltas ao trabalho, insatisfação, baixa produtividade.

Mas, caro leitor, como gerenciar o estresse para que não produza seus efeitos nefastos?

Gerenciamento do estresse

Considerando que o estresse afeta as relações sociais e o desempenho profissional ao empobrecer nossa capacidade de ouvir os outros, enfraquecer a concentração, favorecer o retraimento e a perda do espírito de equipe, típicos do esgotamento total, o controle do estresse se torna vital para que se tenha uma vida saudável e sucesso no projeto. Para um bom gerenciamento do estresse, torna-se necessário controlar nossa fisiologia. Servan-Schreiber (2004) nos ensina um método, composto de três estágios.

O primeiro estágio consiste em voltar a atenção para o interior. Pôr de lado as preocupações por alguns minutos, para poder dar ao coração e ao cérebro tempo suficiente para que possam recuperar o equilíbrio. A melhor maneira de fazer isso é começar inspirando, profundamente, duas vezes. Para maximizar o efeito, a atenção deve estar concentrada na respiração até que tenha terminado de exalar, e então ficar sem respirar alguns segundos, antes de inspirar novamente. Manter o foco na respiração durante o maior período de tempo possível, com a mente vazia.

No segundo estágio, a pessoa deve imaginar-se respirando através do coração. Enquanto continua respirando lenta e profundamente, sem esforço, ela visualiza e sente cada inspiração e cada expiração passando pelo coração. Imagina que, a cada vez que inspira, o oxigênio nutre o corpo e, a cada vez que expira, ele se livra dos resíduos de que não mais precisa.

No terceiro estágio, ela toma consciência do calor e expansão que se estão desenvolvendo no seu peito e os encoraja com seus pensamentos e respiração. Esse sentimento é tímido no início e emerge discretamente. Para encorajar o coração, ela deve apegar-se a um sentimento de reconhecimento e gratidão e deixá-lo encher o peito. É normal um sorriso manso surgir nos lábios, como se estivesse se espalhando a partir de uma luz de dentro do peito. Esse é um dos sinais de que a coerência foi estabelecida. Outros sinais são uma sensação de leveza, calor ou expansão dentro do peito.

A seguir, sugerimos estratégias para que os conflitos e o estresse, quando ocorrerem, sejam benéficos para o GP e sua equipe de projeto.

Como gerir conflitos no ambiente de um projeto

Em estudo realizado pela American Management Association em 1996, concluiu-se que um GP gasta, em média, 20% de seu tempo tratando do gerenciamento de conflitos. Um efetivo gerenciamento de conflitos requer, em primeiro lugar, habilidade para entender e diagnosticar corretamente sua causa; em seguida, de acordo com as personalidades das pessoas envolvidas no conflito, verificar quais estratégias de comunicação e negociação utilizar para que se tenha um clima de confiança e respeito.

Conflitos estruturais em ambiente de projeto podem ser geridos mudando-se procedimentos, pessoas, estruturas e relacionamento de hierarquia. Os GPs precisam conhecer os vários métodos e processos de gerenciamento de conflitos interpessoais, suas forças e fraquezas, para escolher o caminho mais apropriado de acordo com as circunstâncias. Não devemos também esquecer que novos paradigmas podem surgir quando se estimula um conflito positivamente para encorajar novas ideias.

A figura 11 permite visualizar que há um nível ótimo de conflito que maximiza o desempenho da equipe do projeto. O GP deve estimular o conflito construtivo, isto é, que ajuda a atingir os objetivos do projeto, e desencorajar o conflito destrutivo, isto é, que obstrui o caminho para atingi-los. No entanto, esse é um desafio que somente GPs com muita experiência e muitas lições aprendidas no decorrer de sua profissão devem aceitar, uma vez que não constitui boa prática fazer experimentos com pessoas.

Figura 11
RELACIONAMENTO TÍPICO ENTRE DESEMPENHO E ESTRESSE

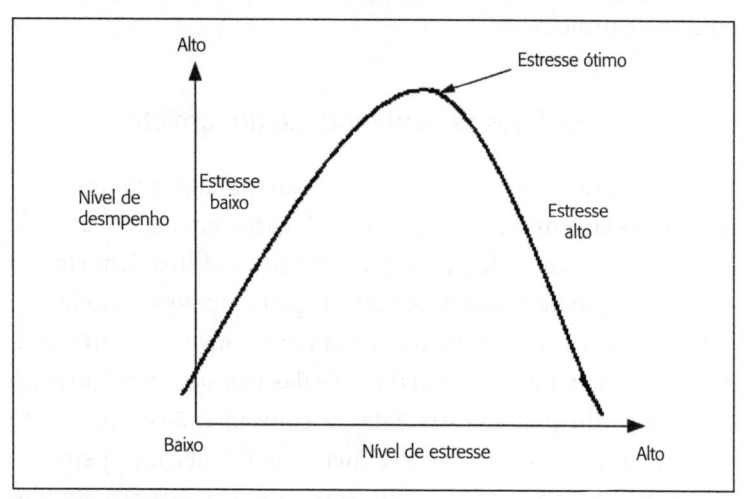

Fonte: Adaptado de Verma (1996:187).

Blake e Mounton (citados por Verma, 1996) apresentam seis técnicas gerais de resolução de conflitos: retirada/evitar, panos quentes/acomodação, imposição, colaboração, confronto/solução de problemas e negociação. Vejamos cada uma delas.

Retirada/evitar

Envolve desistir ou recusar tratar do conflito no momento. Também se refere a recusar tratar do conflito definitivamente, a partir da crença de que ele desaparecerá naturalmente. O estilo é apropriado para ganhar melhor compreensão da situação de conflito e se preparar para uma negociação com chances de obter benefícios, principalmente quando a outra parte se mostra não cooperativa e não assertiva.

Certa vez, um GP, realizando uma reunião de abertura de um projeto, ouviu do cliente que o contrato que havia assinado não estava de acordo com o cronograma apresentado. Tratava-se da implementação de um software que, na versão em que se achava, não apresentava todas as funcionalidades que o cliente requeria. A ponderação feita pelo GP foi de que a nova versão do produto, que traria essas funcionalidades, ainda não estava pronta, e sim em fase de testes; portanto, ainda não liberada. Foi sugerido, então, que se instalasse a versão atual e, posteriormente, se fizesse uma migração para a nova versão quando esta estivesse totalmente liberada.

O GP do cliente perguntou ao consultor do fornecedor responsável pela instalação quanto tempo levaria para realizar a migração da versão antiga para a nova, recebendo como resposta um sonoro "não tenho a menor ideia". Isso levou o cliente a se exaltar, exigindo que o contrato fosse cumprido e assinalando que o GP havia trazido um consultor imaturo e inexperiente. Sem dispor de outros argumentos capazes de demover o cliente de sua posição e estando, portanto, inferiorizado, o GP optou por utilizar a técnica de retirada e encerrar a reunião, marcando nova data para dois dias depois, quando retornou com uma solução definitiva para o problema apresentado.

Panos quentes/acomodação

Envolve evitar pontos de discordância e enfatizar as áreas de concordância. Deve ser usada para manter a harmonia entre as partes. Para Cleland e Ireland (2002), essa é uma abordagem fraca de resolução de conflitos. Tal opinião não é, porém, compartilhada pelos autores deste livro, porque pode ser um estilo apropriado para manter a harmonia e evitar situações desagradáveis de confrontação.

Essa técnica funciona bem quando os problemas e objetivos são mais importantes que posições pessoais e aspirações das partes envolvidas. Convém, porém, que os GPs saibam que, se o conflito não for resolvido, a tendência é ele ressurgir mais intenso e severo do que antes.

Certa vez, um GP estava reunido com um diretor de um cliente com o objetivo de obter a carta de aceite de um projeto já terminado. O cliente recusou-se a assiná-la, com o argumento de que a cobrança de horas apresentada pelo GP era muito maior do que ele esperava. O GP empregou a técnica de mudança de foco e procurou mostrar os benefícios advindos do trabalho realizado e da qualidade, que superaram as expectativas do próprio cliente. Entusiasmado com o que viu após a demonstração de tudo que a equipe do projeto realizou, o diretor apanhou a carta de aceite e assinou-a sem pestanejar.

Imposição

Implica utilizar o poder da posição para resolver o conflito. O ponto de vista é imposto, e não negociado. Os GPs podem necessitar utilizar esse estilo quando o tempo é fator fundamental para a solução do conflito, quando um problema é vital para o bom andamento do projeto ou quando têm certeza de sua posição baseada nas informações que possuem. Nessas circunstâncias, GPs aceitam o risco e, simplesmente, ordenam a ação a ser efetuada para o projeto continuar. Esse enfoque é apropriado quando decisões têm de ser tomadas rapidamente ou quando medidas impopulares, como cortes no orçamento, paralelismo ou cortes de pessoal, são essenciais para o projeto.

Empregar a força leva menos tempo que utilizar a negociação e tentar resolver o conflito com todas as partes envolvidas, mas, convém ressaltar, o relacionamento fica seriamente abalado, podendo resultar em dificuldades de futuros negócios entre as empresas. Recomenda-se que esse estilo somente seja utilizado em casos extremos, porque envolve uma situação "ganha/perde", o que significa que a outra parte vai sair perdendo.

Colaboração

Envolve definir o problema, coletar os fatos, analisar a situação, incorporar diversos pontos de vista e opiniões de diferentes perspectivas e selecionar a ação mais apropriada que resulte em consenso e compromisso. De acordo com Cleland e Ireland (2002), a colaboração de ambas as partes torna mais fácil obter um consenso e, dessa forma, o conflito é resolvido. Nesse modo de resolução de conflito, o relacionamento e a confiança são os fatores mais importantes, e a abordagem funciona bem quando as duas partes estão dispostas a cooperar.

Confronto/solução de problemas

Essa é a técnica mais efetiva para gerenciar conflitos e envolve tratar o conflito como um problema que deve ser solucionado com o exame de alternativas. Normalmente resolve-se objetivamente definindo o problema, captando toda informação necessária, gerando e analisando alternativas e selecionando a que atende melhor a ambas as partes. Requer diálogo aberto e atitude proativa de todos os *stakeholders*. Essa abordagem pode não funcionar bem se houver vários *stakeholders* no projeto com objetivos mutuamente excludentes.

Negociação

Esse estilo, também chamado de negociação "ganha/ganha", envolve encontrar soluções que tragam algum grau de satisfação para as partes envolvidas. Embora não consigam obter tudo o que querem, conseguem-se soluções aceitáveis para todos.

Uma solução definitiva é alcançada quando um compromisso entre as partes é atingido e aceito como uma solução justa para todos. O problema que pode acontecer é que, algumas vezes, o compromisso é alcançado por causa de objetivos pessoais, em detrimento de importantes aspectos do projeto.

O quadro 12 faz um resumo das seis técnicas citadas e seus efeitos.

Quadro 12
MÉTODOS DE GERENCIAMENTO DE CONFLITOS

Estilo	Descrição	Efeito
Retirada/evitar	Retirar-se de uma real ou potencial situação de conflito temporariamente.	Não resolve o problema.
Panos quentes/ acomodação	Enfatizar as áreas de concordância em detrimento das diferenças.	Fornece apenas uma resolução de curto prazo.
Imposição	Forçar seu ponto de vista independentemente dos outros. Oferece soluções do tipo "ganha/perde".	Sentimentos de vingança podem voltar de outras maneiras.
Colaboração	Incorporar os vários pontos de vista e visões das diferentes perspectivas.	Fornece uma resolução de longo prazo.

Continua

Estilo	Descrição	Efeito
Confronto/solução de problemas	Trata conflito como um problema a ser resolvido, examinando-se todas as possíveis alternativas.	Fornece uma solução de longo prazo.
Negociação	Encontrar soluções que tragam algum grau de satisfação para todas as partes.	Fornece uma solução de longo prazo.

Fonte: Adaptado de Verma (1996:120).

Neste capítulo, observamos que conflitos são fatos normais da vida e inerentes à profissão de GP. Estudamos as visões passada e contemporânea, e como se gerenciavam os conflitos. A literatura mostra quais as principais causas para a ocorrência de conflitos em projetos. O estresse, como fator importante para o bem-estar tanto do GP quanto da equipe do projeto, foi discutido em seus aspectos positivos e negativos, bem como sua influência no desempenho de uma equipe de projeto. Mostramos também as técnicas mais utilizadas para a resolução dos conflitos, quer seja internamente, com a equipe, ou externamente, com o cliente.

Em seguida, estudaremos a motivação nas equipes e como o GP deve mantê-la constante até o fim do projeto.

8

Motivação das pessoas

Muitos pesquisadores estão começando a reconhecer que os fatores que energizam o comportamento são, provavelmente, diferentes dos fatores que fornecem a persistência. A maioria dos teóricos supõe que a motivação está sempre presente no desempenho da pessoa, isto é, um comportamento não ocorrerá a menos que seja energizado.

A pergunta que se faz é: "A motivação é uma influência preliminar ou secundária no comportamento, isto é, são as mudanças na melhoria do comportamento melhor explicadas por princípios de influência ambiental ou ecológica, de percepção, de memória, do desenvolvimento cognitivo, da emoção, do estilo explanatório ou da personalidade, ou são conceitos originais pertinentes à motivação?"

Muitos veem, incorretamente, a motivação como um traço pessoal que algumas pessoas têm e outras não. Acham que se o indivíduo está desmotivado é porque é preguiçoso. Certamente, as pessoas diferem em seus impulsos motivacionais básicos, porém a mesma pessoa que lê um romance de ficção do Harry Potter de 400 páginas em um ou dois dias pode levar uma eternidade para ler um livro didático. Segundo Robbins (1999), depende da situação e não necessariamente da pessoa.

Quando analisamos o conceito de motivação, devemos ter em mente que seu nível varia tanto entre indivíduos quanto em cada indivíduo em tempos diferentes. Por exemplo, sabemos que as pessoas respondem a um aumento de complexidade e estímulo no ambiente até determinado ponto e depois suas respostas começam a decrescer. Essa curva (U invertido) da forma do comportamento é muito conhecida e reconhecida há bastante tempo (Yerkes e Dodson, 1998). Entretanto, o problema principal é como explicar tal fenômeno. O que o leitor acha? A motivação será um condicionamento, um processo, ou há outra explicação?

O que significa motivação

De modo geral, a perspectiva básica em motivação parece ser a de que, se a pessoa tem certas necessidades e isso a leva a fazer certas coisas (comportamento) que as atenderão (satisfação), isso pode ocasionar mudanças nas necessidades primárias, tanto intensificando-as quanto lhes permitindo mover-se para outras. Tanto motivação quanto emoção vêm do verbo latino *movere*, que significa mover-se. Ambas indicam um estado de despertar do organismo.

Todo comportamento humano é motivado. Não devemos confundir estímulo com motivação: no primeiro caso, não há envolvimento do eu interior. No incentivo, o indivíduo age levado por pressões externas: ganhar comissões, obter certas vantagens ou evitar punições. Na motivação, ao contrário, o eu interior está envolvido e a pessoa age impelida por uma força interna, porque gosta e quer.

Recorrendo ao estímulo, podemos fazer com que as pessoas ajam, porém sob condições limitadas. Uma condição duradoura, entretanto, só pode emanar de uma motivação verdadeira, que ocorrerá quando o indivíduo tiver seu próprio gerador instalado dentro de si, não havendo necessidade de impulsos externos, e tiver a vontade de executar as tarefas. O quadro 13 mostra um breve resumo dos diferentes tipos ou fontes da motivação.

Quadro 13
FONTES DA MOTIVAÇÃO

Comportamental	Obter recompensas ou consequências desejadas, ou escapar e evitar consequências desagradáveis ou indesejáveis.
Social	Imitar modelos positivos. Ser parte de um grupo.
Biológica	Manter-se em equilíbrio biológico. Ativar sentidos (paladar, tato, olfato). Diminuir fome, sede ou desconforto.
Cognitiva	Diminuir as incertezas e os desequilíbrios. Resolver problemas e tomar decisões. Entender coisas; desenvolver significado e compreensão. Eliminar ameaças ou riscos.
Afetiva	Alimentar os bons sentimentos e diminuir os maus. Aumentar a segurança ou diminuir ameaças a sua autoestima. Manter bons níveis de otimismo e entusiasmo.
Conexão	Conseguir atingir seus sonhos e objetivos. Desenvolver ou manter alta eficácia. Ter controle sobre sua vida. Eliminar as ameaças para alcançar seus objetivos.
Espiritual	Entender o propósito de sua vida.

Fonte: Adaptado de Huitt (2001).

O que motiva uma pessoa não é necessariamente o que motiva outra. Nem sempre a satisfação das necessidades é obtida, pois pode existir alguma barreira que a impeça, e toda vez que uma satisfação é bloqueada, ocorre uma frustração. Por outro lado, pode haver outra solução além da satisfação e da frustração: a transferência, que ocorre quando, sendo impossível obter-se a necessidade desejada, o indivíduo tenta satisfazê-la por meio de uma necessidade complementar ou substituta, que aplaca a mais importante e reduz ou evita a frustração.

Em gerenciamento de projetos, uma das principais habilidades que o GP deve possuir é a capacidade de demonstrar estar sempre motivado, quaisquer que sejam as condições ou problemas que possa estar enfrentando. Sua motivação transmite calma e confiança a toda a equipe do projeto, que se esforça para atender à orientação e aos desejos de seu gerente, acreditando também no alcance do objetivo final.

Um GP deve sempre acreditar no sucesso de seu projeto, mesmo quando este é de alto risco e os problemas acontecem. Isso significa analisar os problemas, tomar as decisões em conjunto confiando em sua equipe e resolver conflitos interpessoais que ocorram nos momentos de maior tensão.

As teorias sobre motivação tentam explicar e analisar como fatores pessoais e intrínsecos interagem e se influenciam mutuamente para produzir certos tipos de comportamento. É importante para o GP entender o que motiva sua equipe de trabalho. Veremos, a seguir, as quatro principais teorias da motivação, isto é, que tentam explicar o que motiva uma pessoa.

Teoria humanística da hierarquia das necessidades, de Maslow

Essa teoria foi desenvolvida pelo dr. Abraham H. Maslow, um dos mais estimados especialistas do mundo em comportamento humano e motivação que, em 1954, tentou sintetizar as pesquisas até então realizadas a respeito da motivação. Antes de Maslow, os pesquisadores se concentravam em aspectos isolados, tais como fatores biológicos, alcance de objetivos ou o poder para explicar o que energizava, dirigia e sustentava o comportamento humano. Maslow desenhou uma hierarquia das necessidades humanas organizadas em cinco níveis baseados em dois grupos: *necessidades básicas* e *necessidades de crescimento*. Os dois primeiros níveis representavam as necessidades básicas, e os três últimos, as necessidades de crescimento.

Segundo o pesquisador, ao atingir determinado nível, o indivíduo luta para se manter ou subir para o próximo, dependendo das circunstâncias durante sua vida. Cada nível tem de ser satisfeito para que a pessoa possa se mover para o nível seguinte. Uma vez que tenha sido satisfeito, se futuramente algum problema aparecer em qualquer desses níveis, o indivíduo agirá para tentar remover o problema. Maslow acreditava que os seres humanos aspiravam a tornar-se autorrealizados. Veremos agora, em mais detalhes, os níveis hierárquicos definidos por Maslow, sintetizados na figura 12.

Figura 12
A PIRÂMIDE DE MASLOW

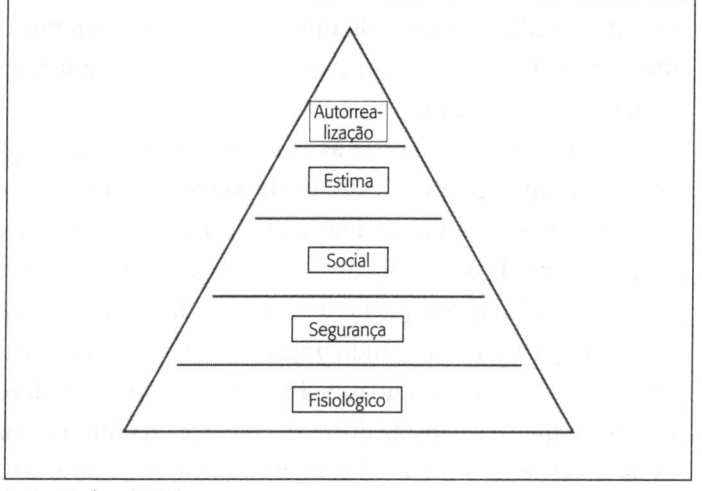

Fonte: Maslow (1965).

- Nível 1 (fisiológico) – Diz respeito às necessidades básicas do ser humano, tais como fome, sede, ar, moradia, higiene e roupas. Inclui também a necessidade de ser ativo, descansar, dormir, fazer necessidades fisiológicas, evitar dor e fazer sexo.
- Nível 2 (segurança) – Está relacionado à necessidade de proteção contra alguma ameaça real ou imaginária. Incluem-se neste nível estabilidade no emprego, casa própria, plano de previdência, aposentadoria, bens essenciais e proteção contra danos e violência. A preocupação não está mais ligada a necessidades como comer e beber, mas aos medos e ansiedades.
- Nível 3 (social) – Quando satisfeitas as necessidades fisiológicas e de segurança, um terceiro nível aparece. O ser humano sente necessidade de ter amigos e parte à procura de alguém para amar e que o ame. Por outro lado, a pessoa se torna suscetível à solidão e a ansiedades sociais. Em nosso dia a dia, mostramos essas necessidades no desejo de casar, ter uma família, ser parte de uma comunidade, membro de uma igreja, irmão numa fraternidade ou parte de um clube ou de uma associação.
- Nível 4 (estima) – Refere-se às necessidades de estima que as pessoas apresentam. Nesse nível, está representado o desejo que todo ser humano tem de ser estimado, respeitado, elogiado, prestigiado e objeto da atenção das outras pessoas. Maslow conclui que o que faz a pessoa perder a autoestima é imaginar que está se tornando uma figura ridícula, dominada pelos outros, tratada como um objeto e sendo forçada a fazer coisas de que não gosta. Entre os alicerces da autoestima, estão o respeito e o reconhecimento das outras pessoas A autoestima verdadeira pode ser traduzida em um sentimento de dignidade e de controle da própria vida.

❏ *Nível 5 (autorrealização)* – Diz respeito à atitude ideal perante o trabalho e a vida pessoal. As pessoas fazem e cumprem os objetivos a que se propuseram. A maioria das pessoas tem uma noção errada de autorrealização, como uma forma de luz que acontecerá repentinamente, sem que se tenha de fazer qualquer coisa. Segundo Maslow (1965), o trabalho de autorrealização transcende o eu e também o alcance da falta de identidade, expressão última do real. Soluciona a dicotomia entre o egoísmo e o não egoísmo, o interior e o exterior, uma vez que o trabalho de autorrealização torna-se parte do eu, de forma que não há mais diferença entre o mundo e o eu.

Em 1971, Maslow diferenciou as necessidades de crescimento em quatro itens: cognitivo (conhecer, entender e explorar), estético (simetria, ordem e beleza), autorrealização (desenvolver e realizar seu potencial, seu desejo interior de crescimento) e transcendência (conectar-se a alguma coisa além do ego ou ajudar outras pessoas a encontrar seu autocrescimento e realizar seu potencial). Sua posição básica era que, para uma pessoa se tornar cada vez mais autorrealizada e transcendente, ela deveria tornar-se mais sábia. Segundo Daniels (2001), a conclusão de Maslow era de que os mais altos níveis de autorrealização são transcendentes em sua natureza.

As bases da teoria de Maslow são fundamentais para se entender o nível de motivação dos membros de uma equipe. Alguns passam por grandes dificuldades, estando ainda nos níveis 1, 2 ou 3, nos quais a maturidade tem uma grande influência no comportamento das pessoas. O entendimento dessa teoria ajuda o GP no gerenciamento das pessoas nos projetos porque ensina duas coisas importantes: primeiro, as pessoas não são motivadas pelas mesmas coisas; segundo, uma pessoa não está sempre motivada pela mesma coisa, uma vez que suas necessidades mudam durante a vida.

Teoria das necessidades, de Alderfer

Clayton P. Alderfer (1972) desenvolveu uma hierarquia similar à de Maslow, denominada teoria *existence, relatedness and growth* (ERG), ou existência, relacionamentos e crescimento. Alderfer condensou o número de níveis da pirâmide em três categorias:

- *necessidades de crescimento* – referem-se ao desejo intrínseco do indivíduo para seu desenvolvimento pessoal;
- necessidades de relacionamento – referem-se à motivação para mantermos relacionamentos interpessoais;
- necessidades de existência – referem-se a nossas preocupações com os motivadores básicos de existência.

A teoria nos ensina que os GPs precisam reconhecer que um membro da equipe tem várias necessidades a satisfazer simultaneamente. Concentrar-se em apenas uma das necessidades não motivará eficientemente a pessoa. Adicionalmente, o princípio da frustração/regressão impacta a motivação em seu ambiente de trabalho. Por exemplo, se não vislumbrarem oportunidades de crescimento na carreira, os membros da equipe podem regredir para o nível de relacionamento e se socializarem mais com as outras pessoas da equipe. Se o ambiente ou situação não forem adequados para satisfazer a necessidade de relacionamento, pode aumentar o desejo de ganhar mais dinheiro ou trabalhar em ambientes mais agradáveis.

Caso o GP seja capaz de reconhecer essas condições, podem ser tomadas providências para satisfazer as necessidades frustradas até que a pessoa seja capaz de perseguir o crescimento outra vez. O quadro 14 mostra a definição e as propriedades para cada nível descrito por Alderfer.

Quadro 14
HIERARQUIA DAS NECESSIDADES MOTIVACIONAIS DE ALDERFER

Nível de necessidades	Definição	Propriedades
Crescimento	Impele a pessoa a ter efeitos mais produtivos ou criativos sobre si mesma e seu ambiente.	Satisfeita através da utilização de sua capacidade e de seu engajamento nos problemas, criando um grande senso de realização e satisfação como ser humano.
Relacionamento	Envolve o relacionamento com pessoas significativas e importantes.	Satisfeita pelo compartilhamento de pensamentos e sentimentos, aceitação, confirmação, entendimento e influência.
Existência	Inclui todas as formas de desejos psicológicos e materiais.	Quando dividido entre pessoas, o ganho de uma representa uma perda para a outra se os recursos são limitados.

Além de reduzir o número de níveis, a teoria ERG acrescenta os seguintes pontos:

❑ demonstra que mais de uma necessidade pode motivar uma pessoa ao mesmo tempo;
❑ uma necessidade no nível mais baixo não precisa ser totalmente satisfeita para o indivíduo se mover para o nível seguinte;
❑ a ordem das necessidades pode ser diferente de uma pessoa para outra. Por exemplo, um artista faminto pode colocar as necessidades de crescimento à frente das necessidades de existência;
❑ assegura que, se a pessoa em um nível mais alto se frustra, ela pode regredir de nível para aumentar sua satisfação em um nível inferior aparentemente mais fácil de satisfazer.

Comparando-se com a teoria de Maslow, os níveis 1 e 2 desta última correspondem às necessidades de existência; os níveis 3 e 4, às necessidades de relacionamento, e o nível 5, às necessidades de crescimento. Semelhante à de Maslow, essa teoria é hierárquica e geralmente apresentada em forma de pirâmide ou triângulo. As necessidades de existência motivam o nível mais fundamental das necessidades de relacionamento, os quais, por sua vez, motivam as necessidades de crescimento.

Teoria higiênico-motivacional, de Herzberg

Para melhor detectar as atitudes e motivação dos funcionários de uma empresa ou membros de uma equipe de projeto, Frederick Herzberg (1959) fez vários estudos para determinar quais fatores no ambiente de trabalho do funcionário causavam satisfação ou insatisfação. Herzberg descobriu que os fatores que causavam satisfação no trabalho (e, presumivelmente, motivação) eram diferentes dos que causavam insatisfação.

A partir dessa constatação, Herzberg desenvolveu a teoria higiênico-motivacional para explicar os resultados de sua pesquisa. Ele detectou que os entrevistados associavam insatisfação com o trabalho ao ambiente e chamou esses fatores de higiênicos, no sentido de que são considerados fatores que devem ser observados para impedir a insatisfação. Também concluiu que os empregados associavam satisfação com o trabalho ao conteúdo deste. Quando os fatores relativos ao ambiente ficam abaixo do nível aceitável, o resultado é a insatisfação com o trabalho.

Os fatores higiênicos são extrínsecos ao trabalho, isto é, podem destruir a motivação, mas melhorá-los não significa aumentá-la. Os fatores motivacionais são intrínsecos: estão ligados a sentimentos de autorrealização e reconhecimento, e apenas esses fatores conduzem ao melhor desempenho. O quadro 15 mostra os seis principais fatores que causam satisfação e insatisfação ao trabalhador.

Quadro 15
FATORES QUE AFETAM A MOTIVAÇÃO

Conduzem à insatisfação (higiênicos)	Conduzem à satisfação (motivacionais)
Política da empresa	Conquistas pessoais
Supervisão	Reconhecimento
Relacionamento com o gerente	O próprio trabalho realizado
Condições de trabalho	Responsabilidade
Salário	Promoção
Relacionamento com os pares	Crescimento

A aplicação dessa teoria em gerenciamento de projetos tem obtido bastante sucesso quando os membros da equipe possuem alto grau de maturidade e já atingiram o nível 4 da pirâmide de Maslow. Para os membros mais jovens, de níveis de maturidade 1 e 2, além dos fatores motivacionais, é necessário dar atenção aos fatores higiênicos, devido ao fato de que eles ainda não passaram do terceiro nível da pirâmide de Maslow.

Teoria das necessidades de conquistas pessoais, de McClelland

David McClelland (1961) visualizou a motivação de outra perspectiva. Por ser um psicologista, dedicou muito de seu tempo ao estudo das necessidades de conquistas pessoais. Um aspecto dessa teoria é que os indivíduos são motivados para evitar falhas (frequentemente em associação com objetivos de desempenho) ou alcançar sucesso (frequentemente em associação com objetivos de poder).

No primeiro caso, a pessoa provavelmente selecionará tarefas fáceis ou difíceis, para alcançar sucesso ou ter uma boa desculpa se falhar. No segundo caso, o indivíduo, provavelmente, selecionará tarefas de dificuldade média, mas que forneçam um desafio interessante, mantendo sempre o foco em altas expectativas de sucesso. McClelland dividiu em três categorias os fatores motivacionais que levam os indivíduos a se comportar de maneiras diferentes:

- ❑ *necessidade de conquistas pessoais* – relacionada ao desenvolvimento de tarefas e à consecução de desafios;
- ❑ *necessidade de poder* – segundo Vergara (2012), o poder refere-se a relações com pessoas, *status*, prestígio e posições de influência;
- ❑ *necessidade de conexão* – consiste no conjunto de impulsos que levam a pessoa a pertencer a um grupo e ser amada.

McClelland (1961) concluiu que apenas 10 a 15% dos indivíduos são grandes realizadores e altamente produtivos nas empresas. Ele encontrou as seguintes características comuns:

- ❑ querem desafios moderados porque não gostam de falhar e, portanto, não querem correr grandes riscos, mas pequenos desafios os aborrecem;
- ❑ querem *feedbacks* concretos porque desejam constantemente saber sobre seu desempenho e que seu gerente saiba o que estão fazendo e como estão se desempenhando;
- ❑ querem ter responsabilidade pessoal em seu trabalho.

Devemos considerar, porém, que o fato de serem muito produtivos não significa que serão bons gerentes de projeto ou coordenadores de equipes.

Nem todas as pessoas aspiram ao poder. Quem tem necessidade de poder, segundo a teoria, são indivíduos muito competitivos, políticos e influenciadores. Querem ser formadores de opinião e assumir autoridade sobre outras pessoas.

Em relação às necessidades de conexão, todas as pessoas as possuem (níveis 3 e 4 da pirâmide de Maslow), em maior ou menor grau. Entre as principais características das pessoas com grande necessidade de conexão, destacamos: são aceitas pelo grupo em que trabalham; procuram amizade com as pessoas; são cooperativas e gostam de trabalhar em equipe.

Em gerenciamento de projetos, encontramos membros da equipe e todas as categorias definidas por McClelland. Por exemplo, oferecer uma viagem ao Havaí para quem tiver o melhor desempenho no projeto pode ser fator desmotivador para alguém que detesta viajar ou tem medo de avião. Por outro lado, uma oportunidade de obter uma certificação em determinada área de especialização (por exemplo, o certificado do PMI) pode ser o grande sonho de outro membro da equipe. O GP precisa ter suficiente discernimento para distinguir os três tipos mencionados por McClelland e provocar a motivação diferentemente nas pessoas em cada categoria.

Em seguida, analisaremos as teorias de processos de motivação X e Y descritas por Douglas McGregor, em 1960, em seu livro *The human side of enterprise*, a teoria cognitiva da expectativa de Vroom e a teoria cognitiva de reforço de Skinner.

Processos de motivação

Descreveremos as principais teorias de processos de motivação – isto é, que tentam responder à pergunta: "Como as pessoas são motivadas?" – aplicadas ao gerenciamento das pessoas em projetos.

Teoria X, de McGregor

Essa teoria foi elaborada por Douglas McGregor para descrever o relacionamento entre gerentes e subordinados. Insatisfeito com a inadequação do modelo humanístico à realidade empresarial, McGregor centrou seus estudos na relação entre o sucesso empresarial e sua capacidade de prever e controlar o comportamento humano.

O homem é apresentado como um ser carente, que não gosta de seu trabalho e se limita a fazer o necessário para subsistir, não se importando com a realização pessoal. Por isso, a motivação é quase irrelevante, fazendo-se necessário o uso da autoridade para garantir a direção e o controle dos funcionários. As pessoas são preguiçosas, tentam evitar o trabalho e necessitam ser vigiadas cada minuto; são incapazes, não têm ambição e param de trabalhar sempre que possível. Necessitam de direcionamento constante e evitam responsabilidades e iniciativas. São motivadas apenas para os níveis 1 e 2 da pirâmide de Maslow, têm pouca capacidade para resolver problemas e pouca criatividade. Esses indivíduos são indiferentes às necessidades da empresa e resistentes a mudanças, sendo motivados apenas pela ameaça de punição ou por ganhos extras de dinheiro. Os GPs que seguem esta teoria tendem a ser autoritários e não têm confiança nos membros de sua equipe.

Teoria Y, de McGregor

A integração é a base dessa teoria, pois é ela que assegura e valida a autoridade. Sugere autocontrole quando as necessidades do projeto e dos membros da equipe são reconhecidas. Sabe-se, porém, da dificuldade de integrar os interesses pessoais e organizacionais. Segundo a teoria Y, as pessoas gostam de aceitar responsabilidades e estão preocupadas com seu crescimento e aprendizado; podem conduzir seu próprio trabalho sem supervisão e querem atingir seus objetivos no projeto. Os GPs que seguem essa teoria usam um enfoque humano e de facilitadores para a maior parte dos funcionários. As principais características da teoria Y mostram que as pessoas:

- alcançam expectativas de alto desempenho se apropriadamente motivadas e se o ambiente de trabalho for agradável;
- são criativas, inovadoras, ambiciosas e comprometidas em alcançar as metas da empresa;
- são autodisciplinadas, podem dirigir e controlar a si mesmas, desejam responsabilidades e aceitam os desafios;
- são motivadas pelos níveis 3 e 4 da pirâmide de Maslow.

O quadro 16 apresenta as principais diferenças entre as duas teorias de McGregor.

Quadro 16
DIFERENÇAS ENTRE AS TEORIAS X E Y DE MCGREGOR

Teoria X	Teoria Y
Concepção tradicional de direção e controle.	Integração entre objetivos individuais e organizacionais.
O ser humano tem aversão ao trabalho.	O ser humano vê o esforço físico e mental no trabalho de forma tão natural quanto o querer descansar.
A maioria das pessoas precisa ser controlada, dirigida, coagida e punida para que, finalmente, trabalhe.	A maioria das pessoas busca naturalmente se autocorrigir, para atingir os objetivos que se propôs a alcançar.
O homem é um ser carente que se esforça para satisfazer uma hierarquia de necessidades.	O compromisso com um objetivo depende das recompensas que se espera receber com sua consecução.
O ser humano não consegue assumir responsabilidades.	O ser humano não só aprende a aceitar responsabilidades como passa a procurá-las.
A participação dos funcionários é um instrumento para sua manipulação.	A participação dos funcionários é uma forma de valorizar suas potencialidades, tais como: imaginação, criatividade e engenhosidade.
O líder adota um estilo autocrático.	O líder adota um estilo participativo.

Teoria cognitiva da expectativa, de Vroom

Victor Vroom (1995) teve um enfoque diferente, a partir da perspectiva dos processos internos e cognitivos que as pessoas utilizam para satisfazer suas necessidades. Para ele, motivação é o processo que governa a escolha de comportamentos voluntários alternativos. Segundo sua teoria, a motivação da pessoa para escolher uma das alternativas depende de três fatores:

- do valor que ela atribui ao resultado advindo de cada alternativa (*valor*);
- da percepção de que a obtenção do resultado está ligada a uma compensação (*instrumentalidade*);
- da expectativa que ela tem de poder obter cada resultado (*expectativa*).

Para Vroom, as pessoas pensam cuidadosamente na quantidade de esforço que deverão dedicar a uma tarefa antes de realizá-la. A motivação aparece se há uma expectativa de um desfecho favorável. É baseada no conceito de que as pessoas escolhem comportamentos que, acreditam, irão conduzi-las a recompensas ou promoções desejadas, isto é, o desejo da recompensa é forte o bastante para fazer o esforço valer a pena.

Vroom (1995) enfatiza a importância de se analisar a dimensão dos valores atribuídos a uma compensação. Por exemplo, um jovem membro da equipe do projeto pode atribuir enorme valor a uma promoção, não pelas perspectivas de carreira que isso pode oferecer ou pelo aumento de salário em si, mas pelo fato de que esse aumento vai permitir a ele casar-se. Motivação não é um processo e varia de indivíduo para indivíduo, em função de seus objetivos pessoais. A fórmula imaginada por Vroom é:

Motivação = valor × instrumentalidade × expectativa

Analisando esses fatores, temos:

- *valor* – as diferentes compensações ligadas às alternativas terão diferentes valores (valências) para uma pessoa. Um novo emprego, por exemplo, poderá ter como valores positivos maior salário e maior visibilidade, e poderá ter como valores negativos uma carga maior de trabalho e uma mudança para outra cidade. Se uma promoção vier junto com uma mudança de cidade ou país, ela poderá ser totalmente inaceitável (–1) ou ser muito atrativa (+1). Provavelmente, será um valor dentro dessa faixa;
- *instrumentalidade* – toda pessoa tem uma percepção da compensação que terá se alcançar certo resultado. Ela pode, por exemplo, estar convencida de que, se atingir o que lhe foi proposto, será promovida. Essa relação entre desempenho e compensação, na linguagem de Vroom, é chamada de instrumentalidade e varia de 0 a 1;
- *expectativa* – uma pessoa avalia a probabilidade de obter certo resultado comparando os esforços necessários para tanto com sua capacidade. Se entender que a probabilidade ligada a uma alternativa é muito baixa, ela irá fazer sua escolha entre outras. Se achar que é impossível atingir determinado objetivo, ela não fará qualquer esforço para isso. Essa relação é também medida com um valor entre 0 e 1.

Um baixo valor em qualquer desses fatores resultará em um baixo valor de motivação e, portanto, todos têm de estar presentes para que a motivação ocorra. Isto é, se uma pessoa não acredita que possa ser bem-sucedida em uma tarefa, não consegue estabelecer uma conexão entre sua atividade e sucesso ou, se não valoriza o resultado, é muito baixa a probabilidade de que queira aprender essa atividade e, nesses casos, a motivação e o comportamento não seriam bons.

Em gerenciamento de projeto, essa teoria é aplicada para maximização do desempenho dos membros das equipes.

Teoria cognitiva do reforço, de Skinner

A teoria de reforço de Skinner é baseada no conceito de como as pessoas aprendem. A expectativa da consequência determina o comportamento de uma pessoa. Enfatiza o padrão no qual se afirma que um comportamento desejável será repetido se for recompensado, e um comportamento indesejável pode ser desencorajado por uma punição. Reforço, o elemento-chave dessa teoria, é qualquer evento que aumente ou diminua a probabilidade de uma futura resposta. A teoria sugere que o comportamento humano é moldado pelos resultados positivos ou negativos vivenciados pelo indivíduo: o comportamento dos empregados que conseguem resultados positivos deverá ser sempre repetido; comportamentos que conduzem a resultados negativos devem ser reprimidos para que não haja repetição (Skinner, 2004).

Há quatro técnicas básicas de reforço:

❑ reforço positivo – utilizado para aumentar a incidência de um comportamento desejado. Por exemplo, um aumento de salário é um reforço positivo;
❑ reforço negativo – com o mesmo propósito anterior. Por exemplo, se alguém fizer algo errado, o gerente deverá repreendê-lo com uma piada, jocosamente. A pessoa, provavelmente, se sentirá embaraçada e não deverá repetir esse comportamento;
❑ punição – planejada para diminuir a incidência de um comportamento indesejado, uma punição, geralmente, não é bem-recebida com os padrões atuais de valores morais e pode gerar sentimentos de ressentimento, frustração e re-

volta. Um exemplo pode ser censurar, gritar ou insultar uma pessoa na frente de outras, ou mandar para casa alguém que estava trabalhando no escritório. Naturalmente, certos tipos de incidentes merecem punição imediata, tal como violência no ambiente de trabalho;

❏ extinção – essa estratégia também serve para diminuir a incidência de um comportamento indesejável. É simplesmente ignorar determinado comportamento e esperar que ele desapareça. Geralmente, é a resposta apropriada para um problema comportamental menor.

Baseados em Skinner, os GPs devem estimular os membros da equipe a terem comportamentos que tragam bons resultados, utilizando reforços positivos ou extinção, e desestimular os membros da equipe que trazem problemas, com reforços negativos ou punições.

Neste capítulo, vimos que manter uma equipe motivada é uma das principais tarefas de um GP. Listamos as principais fontes de motivação e estudamos o relacionamento entre as necessidades, o comportamento e a satisfação das pessoas. Examinamos as quatro teorias da motivação e os principais processos que fazem com que os membros da equipe do projeto mantenham alto desempenho e interesse em atender ao compromisso de cumprir os objetivos de prazo, custo e qualidade esperados pelo cliente. A seguir, serão apresentadas as conclusões do livro.

Conclusão

Segundo estudos do PMI, um quarto de todo o dinheiro movimentado no mundo está envolvido em projetos, o que significa cerca de US$ 10 trilhões a cada ano. Esses números são assustadores e, ao mesmo tempo, fascinantes. Assustadores, por nos remeterem à responsabilidade de realizar projetos bem-sucedidos. Fascinantes, por nos fazerem enxergar o universo no qual estamos inseridos.

Hoje, a visão tradicional do trabalho como algo contínuo e repetitivo foi substituída pela visão temporária ou de projetos, em que os esforços são orientados para resultados objetivos, dentro de um espaço de tempo limitado – início, meio e fim. O contexto mundial, cada vez mais complexo, exige que atuemos com agilidade e precisão, lidando com o novo e superando desafios continuamente. *Slogans* como "fazer mais com menos" ou "fazer mais rápido, mais barato e melhor" são parte do nosso dia a dia.

No Brasil, o cenário não é diferente. Desde meados da década de 1990, a utilização do gerenciamento de projetos apresenta um crescimento significativo, não apenas em setores cuja atividade-fim são projetos – por exemplo, engenharia e construção e tecnologia da informação –, mas também naqueles onde projetos são meio para sobrevivência em um ambiente de inovação e mudanças – por exemplo, indústria e serviços. Gerenciar projetos significa "aplicar conhecimentos, habilidades, ferramentas e técnicas às atividades do projeto, a fim de satisfazer seus requisitos" (PMI, 2013:5). E o que está por trás disso? *Pessoas*. Projetos não acontecem se não houver pessoas para gerenciá-los e executá-los. Um novo investimento deve sempre ser feito com o apoio de gestores e equipes de projetos, seja, por exemplo, a implantação de uma plataforma de petróleo ou o lançamento de um livro. E o foco precisa ser sempre gerenciar muito bem para concluir da melhor maneira, com os menores tempo e custo possíveis.

Reconhecendo a importância vital das pessoas no gerenciamento de projetos, este livro se propôs a tratar dos aspectos relacionados ao gerenciamento de pessoas em projetos, abordando questões diretamente ligadas tanto ao GP quanto à equipe. Em um contexto mais amplo, foram vistos os desafios atuais no gerenciamento de pessoas nas organizações, bem como as responsabilidades, papéis e habilidades necessárias a um GP eficiente. Tratou-se, ainda, do planejamento das pessoas no projeto, do desenvolvimento da equipe e do gerenciamento das pessoas. Por fim, foram abordados dois tópicos de extrema importância: o gerenciamento de conflitos e a motivação das pessoas.

Muitas vezes, as organizações nomeiam seus profissionais como gerentes de projetos achando que as habilidades e a experiência que os tornam estrelas em suas áreas técnicas se traduzem em aptidões para tal gerenciamento. Mas não é necessariamente assim. Conhecer e aplicar boas técnicas de gerenciamento de projetos, além de um sólido conhecimento e habilidades gerais de gerenciamento são alicerces profissionais para todos os aspirantes a gerente de projetos.

Competência em gerenciamento de projetos envolve uma liderança bem-preparada e integrada com sua equipe; envolve ousar, sem, no entanto, acreditar em soluções mágicas; envolve um gerenciamento não amador, mas focado nas necessidades e expectativas dos *stakeholders*, a partir da definição de metas e planos realistas.

O sucesso em projetos está diretamente ligado às pessoas. É preciso conhecer o negócio da empresa e administrar o presente enquanto se cria o futuro. É preciso transformar ameaças em oportunidades e criar paixão por resultados. É preciso, ainda, facilitar o aparecimento de novos líderes, criar equipes integradas e comprometidas e, principalmente, evoluir sempre.

Referências

ADAMS, John R.; KIRCHOF, Nicki S. *Conflict management for project managers*. Drexel Hill, PA: PMI, 1982.

ALDERFER, Clayton. *Existence, relatedness, and growth: human needs in organizational settings*. Nova York: Free Press, 1972.

ASSIS, M. T. *Indicadores da gestão de recursos humanos*: usando indicadores demográficos, financeiros e de processos na gestão do capital humano. Rio de Janeiro: Qualitymark, 2005.

BARTLETT, C. A.; GHOSHAL, S. *Managing across borders*: the transnational solution. Boston: Harvard Business School Press, 1989.

BITENCOURT, Claudia. *Gestão contemporânea de pessoas*. São Paulo: Artmed, 2004.

BOYETT, J. H.; BOYETT, J. T. *O guia dos gurus*: os melhores conceitos e práticas de negócios. Rio de Janeiro: Campus, 1999.

CAGLE, R. B. *Your successful project management career*. Nova York: Amacom, 2005.

CARMEL, E. *Global software teams*. Nova Jersey: Prentice-Hall, 1999.

CLELAND, David I.; IRELAND, Lewis R. *Gerenciamento de projetos*. Rio de Janeiro: Reichmann & Affonso, 2002.

COX JR., T. *Cultural diversity in organizations*: theory, research and practice. São Francisco: Berrett-Koehler, 1994.

DANIELS, Michael. Maslow's concept of self-actualization. *Transpersonal Psychology Review*, Exeter, 2001.

DINSMORE, P. C. *Human factors in project management*. Nova York: Amacom, 1990.

_____; CAVALIERI, A. *Gerenciamento de projetos*. Rio de Janeiro: Qualitymark, 2003.

_____; SILVEIRA NETO, F. H. *Gerenciamento de projetos*: como gerenciar seu projeto com qualidade, dentro do prazo e custos previstos. Rio de Janeiro: Qualitymark, 2004.

DUBÉ, L.; PARÉ, G. Global virtual teams. *Communications of the ACM*, v. 14, n. 12, 2001.

FILLEY, Alan C. *Interpersonal conflict resolution*. Glenview: Scott, Foresman and Co. 1975.

FRITZ, M. B. W.; NARASIMHAN, S.; RHEE, H. Communication and coordination in the virtual office. *Journal of Management Information Systems*, v. 14, p. 7-28, 1998.

GMELCH, W. H. *Coping with faculty stress*. Londres: Sage, 1993.

GO TO INDIA, China, says Gartner. *The Economic Times*, 2 maio 2002. Disponível em: <http://articles.economictimes.indiatimes.com/2002-05-02/news/27343908_1_offshore-outsourcing-gartner-global-stage>. Acesso em: 17 jun. 2013.

HARRIS, J. *The metamorphosis of project management*. S.l.: s.n., 2004. disponível em: <http://www.gantthead.com>. Acesso em: ago. 2005.

HEEKS, R. et al. Synching or sinking: global software outsourcing relationships. *IEEE Software*, p. 54-60, mar./abr. 2005.

HELDMAN, K. *Project management jumpstart*. 2. ed. Harbor: Light Press, 2005.

HERSEY, P.; BLANCHARD, K. H.; JOHNSON, D. E. *Management of organizational behavior*: leading human resources. Upper Saddle River: Prentice-Hall, 2000.

HERZBERG, Frederick. *The motivation to work*. 2. ed. Hoboken: John Wiley & Sons, 1959.

HOFSTEDE, G. *Culture's consequences*: international differences in work-related values. Beverly Hills, CA: Sage, 1980.

HUITT, W. *Motivation to learn*: an overview. Valdosta, GA: Valdosta State University, 2001. (Educational Psychology Interactive). Disponível em: <www.edpsycinteractive.org/topics/motivation/motivate.html>. Acesso em: 18 jun. 2013.

_____. *Maslow's hierarchy of needs*. Valdosta, GA: Valdosta State University, 2004. (Educational Psychology Interactive). Disponível em: <chiron.valdosta.edu>. Acesso em: 10 set. 2005.

IBM. *Individual development cycle*. Nova York, 1998. Disponível em: <www-03.ibm.com/employment/ca/en/career.html>. Acesso em: 10 set. 2005.

JUDY, R. W.; D'AMICO, C. *Worforce 2020*. Indianopolis, IN: Hudson Institute, 1997.

_____; _____. *Usual weekly earnings summary*: labor force statistics from the current population survey. Washington, DC: US Department of Labor, 2002.

KOTTER, J. P. *Afinal, o que fazem os líderes*: a nova face do poder e da estratégia. Rio de Janeiro: Campus, 2000.

LACOMBE, F. J. M. *Recursos humanos*: princípios e tendências. São Paulo: Saraiva, 2005.

MANAGING generation diversity. *HR Magazine*, v. 36, p. 91-92, 1991.

MANZ, C.; SIMS, H. P. *Business without bosses*. Nova York: John Wiley, 1993.

MASLOW, Abraham. *Eupsychian management*: a journal. Homewood: Irwin-Dorsey, 1965.

MAXIMIANO, A. C. A. O gerente de projetos: um ator com vários personagens. *Revista de Administração*, São Paulo, USP, v. 23, n. 2, p. 93-98, abr./jun. 1988.

McCLELLAND, David C. *The achieving society*. Princetown: D. Van Nostrand, 1961.

McGREGOR, Douglas. *The human side of enterprise*. Nova York: McGraw-Hill, 1960.

MEREDITH, J. R.; MANTEL JR., S. J. *Project management*: a managerial approach. Nova York: John Wiley, 1995.

MOHRMAN, S. A.; COHEN, S.; MOHRMAN, A. M. *Designing team-based organizations*: new forms for knowledge work. São Francisco: Jossey-Bass, 1995.

NELSON, D. B.; QUICK, J. C. *Organizational behavior*: foundations, realities & challenges. 5. ed. Columbus, OH: Thomson, 2006.

NONAKA, I.; TAKEUCHI, T. *Criação do conhecimento na empresa*. Rio de Janeiro: Campus, 1997.

POLANYI, M. *The tacit dimension*. Garden City: Doubleday, 1966.

PRAHALAD, C. K.; HAMEL, Gary. The core competent of the corporation. *Harvard Business Review*, p. 3-15, maio/jun. 1990.

PROJECT MANAGEMENT INSTITUTE (PMI). *PMBOK Guide*: a guide to the project management body of knowledge. 5. ed. Newton Square, PA: PMI, 2013.

_____. *PMI member ethical standards*: member code of ethics. Newton Square, PA: PMI, [s.d.]. Disponível em: <www.pmi.org/info/AP_MemEthStandards.pdf>. Acesso em: 10 fev. 2006.

RABECHINI JR., R. A importância das habilidades do gerente de projeto. *Revista de Administração*, São Paulo, USP, v. 36, n. 1, p. 92-100, 2001.

RHODES, S. R. Age-related differences in work attitudes and behavior: a review and conceptual analysis. *Psychological Bulletin*, v. 93, p. 338-367, 1983.

ROBBINS, Anthony. *Awaken the giant within*: how to take immediate control of your mental, emotional, physical and financial destiny! Nova York: Simon & Schuster, 1999.

SCHEIN, E. *Organizational culture and leadership*: a dynamic view. São Francisco, CA: Jossey Bass, 1985.

SCHOLTES, P. R.; JOINER, B. L.; STREIBEL, B. J. *The team handbook*. 2. ed. Madison, WI: Joiner Associates, 1996.

SELYE, Hans. *Stress without distress*. Filadélfia, PA: Lippincot, 1974.

SENGE, P. M. *A quinta disciplina*. São Paulo: Best-Seller, 1990.

SERVAN-SCHREIBER, D. *Curar*: o stress, a ansiedade e a depressão sem medicamento nem psicanálise. São Paulo: Sá, 2004.

SKINNER, B. F. *Ciência e comportamento humano*. Rio de Janeiro: Martins Fontes, 2004.

SMITH, P. B.; BOND, M. H. *Social psychology across cultures*: analysis and perspectives. 2. ed. Boston: Allyn e Bacon, 1999.

STHUB, A.; BARD, J. F.; GLOBERSON, S. *Project management engineering, technology and implementation*. Upper Saddle River: Prentice Hall, 1994.

THAMHAIN, Hans J.; WILEMON, David L. Conflict management in project oriented work environments. In: PROJECT MANAGEMENT INSTITUTE ANNUAL SEMINARS & SYMPOSIUM, 6., 1974, Tenn. *Proceedings...* Pensilvânia, NC: PMI, 1975.

ULRICH, D. *Os campeões de recursos humanos:* inovando para obter os melhores resultados. São Paulo: Futura, 1998.

US DEPARTMENT OF HEALTH AND HUMAN SERVICES. *Profile of older Americans*. Washington, DC: US Government, 1997.

US DEPARTMENT OF LABOR. *Highlights of women's earnings in 2002*: Report 972. Washington, DC: US Government, set. 2003.

_____. *Employment status of the civilian population by sex and age*. Washington, DC: US Government, [s.d.]. Disponível em: <http://stats.bls.gov/news.release/empsit.t01.htm>. Acesso em: jul. 2004.

VARELLA, D. O juramento de Hipócrates. *Dr. Drauzio*, [s.d.]. Disponível em: <http://drauziovarella.com.br/drauzio/o-juramento-de-hipocrates/>. Acesso em: 18 jun. 2013.

VERGARA, S. C. *Gestão de pessoas*. 11. ed. São Paulo: Atlas, 2012.

VERMA, Vijay K. *Human resource skills for the project manager*. Sylva, NC: PMI, 1996.

VROOM, Victor H. *Work and motivation*. São Francisco: Jossey-Bass, 1995.

WHITMORE, J. *Coaching for performance*. Nova York: Nicholas Brealey, 1992.

WICK, C.; LÉON, L. *O desafio do aprendizado*. São Paulo: Nobel, 1996.

WOOD JR., T.; PICARELLI FILHO, V. *Remuneração estratégica*: a nova vantagem competitiva. São Paulo: Atlas, 2004.

YERKES, R. M.; DODSON; J. D. The relation of strength of stimulus to rapidity of habit formation. *Journal of Comparative Neurology and Psychology*, n. 18, p. 459-482, 1998.

ZANNELLI, J. C.; BORGES-ANDRADE, J. E.; BASTOS, A. V. B. (org.). *Psicologia, organizações e trabalho no Brasil*. Porto Alegre: Artmed, 2004.

ZARIFIAN, P. *O gerenciamento pela competência*. Rio de Janeiro: Centro Internacional de Educação, Trabalho e Transferência de Tecnologia, 1996.

Os autores

Ana Cláudia Trintenaro Baumotte

Mestre em engenharia de produção pela Pontifícia Universidade Católica do Rio de Janeiro (PUC-Rio), MBA em recursos humanos pela FIA/USP e graduada em engenharia civil pela PUC-Rio. Certificada PMP pelo Project Management Institute (PMI). Diretora do Comitê de Direção do PMI-Rio. Professora convidada da Fundação Getúlio Vargas, Senai e PUC-Rio.

Doris Pereira D'Alincourt Fonseca

Mestre em engenharia de produção na área de inovação tecnológica pela Coppe/UFRJ, especialista em inteligência empresarial pela Coppe/UFRJ. Certificada em negociação pelo CMI, em Harvard, e em marketing pela Wharton School. Professora convidada da Fundação Getulio Vargas e UFRJ. Coordenadora do MBA em Gestão do Conhecimento e Inteligência Empresarial da Coppe/UFRJ. Membro da Comissão de Recursos Humanos da Câmara de Comércio França-Brasil.

Lauro Henrique de Carvalho Monteiro da Silva

Mestre em administração e desenvolvimento empresarial pela Universidade Estácio de Sá (Unesa), graduado pelo Instituto Tecnológico de Aeronáutica (ITA), certificado PMP pelo Project Management Institute (PMI), certificado em Itil service desk and incident management practitioner pelo Examination Institute for Information Science (Exin). Professor convidado da Fundação Getulio Vargas e da Universidade Federal Fluminense.

Paulo Pavarini Raj

PHD em engenharia de produção pela University of Birmingham (Inglaterra), mestre em ciências em engenharia de sistemas pela Universidade Federal do Rio de Janeiro (Coppe/UFRJ), graduado em engenharia mecânica pelo Instituto Tecnológico de Aeronáutica (ITA). Professor adjunto de informática médica na Faculdade de Ciências Médicas da Universidade Estadual do Rio de Janeiro (Uerj). Professor convidado da Fundação Getulio Vargas e professor visitante do Núcleo de Educação a Distância da Universidade Federal do Paraná.